JAMES F. TWYMAN

Mein Tanz mit dem Jenseits

GOLDMANN
Lesen erleben

Buch

James F. Twymans Frau Linda wird unter tragischen Umständen ermordet. Auf der Fahrt zu ihrer Beerdigung erleidet James Twyman einen schweren Autounfall. Dreieinhalb Jahre später zieht es ihn – ausgelöst durch eine Serie von Träumen und Visionen – an jenen Ort zurück. Dort, in einer Scheune irgendwo in Nevada, begegnet er seiner verstorbenen Frau wieder … »Mein Tanz mit dem Jenseits« ist ein Tatsachenroman, emotionsgeladen und fesselnd vom Anfang bis zum Schluss. Seine Botschaft: Wahre Liebe stirbt nie.

Autor

James F. Twyman ist in Deutschland durch seinen Bestseller *Der Moses-Code* und den gleichnamigen Dokumentarfilm bekannt geworden. Er ist als Autor zahlreicher spiritueller Bücher sowie als Filmproduzent und Musiker sehr erfolgreich.

JAMES F. TWYMAN

Mein Tanz mit dem Jenseits

Eine magische Geschichte von der Unsterblichkeit der Liebe

Aus dem Amerikanischen
von Judith Elze

GOLDMANN

Die Originalausgabe erschien 2010 unter dem Titel
»The Barn Dance« bei Hay House Inc., USA.

MIX
Papier aus verantwortungsvollen Quellen
FSC
www.fsc.org
FSC® C014496

Verlagsgruppe Random House FSC-DEU-0100
Das für dieses Buch verwendete FSC®-zertifizierte Papier
München Super liefert Arctic Paper Mochenwangen GmbH.

1. Auflage

Deutsche Erstausgabe April 2012

Published in 2010 by Hay House Inc. USA
Umschlaggestaltung: UNO Werbeagentur, München
Umschlagmotiv: Christian Lamontagne, plainpicture/alt6
Redaktion: Johannes Bucej
SB · Herstellung: cb
Satz: EDV-Fotosatz Huber/Verlagsservice G. Pfeifer, Germering
Druck: GGP Media GmbH, Pößneck
Printed in Germany
ISBN: 978-3-442-21985-8

www.goldmann-verlag.de

Einleitung

Gibt es überhaupt so etwas wie eine *wahre Geschichte*? Wenn man einen Detektiv fragte, würde er sagen, dass Augenzeugenaussagen oft sehr unzuverlässig sind. Zehn verschiedene Leute, die von ein und demselben Verbrechen oder Unfall berichten, liefern ohne weiteres zehn leicht unterschiedliche Versionen. Was wir sehen, ist nicht immer das, was wirklich da ist, und umgekehrt übersehen wir oft, was sich direkt vor unseren Augen abspielt. Seit jeher haben sich die großen Philosophen die Frage gestellt: »Was ist die Wahrheit?« Es scheint, als wäre sie nicht so klar und nüchtern, wie wir sie gern hätten.

Dieses Buch erscheint als Erzählung, obwohl sein Inhalt für mich die absolute Wahrheit bedeutet. Die Ereignisse und Gespräche, die physisch nachweisbar sind, habe ich so genau wiedergegeben wie möglich. In anderen Worten: Es hat sie tatsächlich gegeben, sie sind leicht überprüfbar. Als das Abenteuer dann seinen Lauf nahm, ließ sich die Grenze zwischen dem, was ich erfahren habe, und dem, was ich tatsächlich nachweisen kann, schwerer ausmachen. Das bedeutet nicht unbedingt, dass es sich dabei um pure Fantasien oder Träume gehandelt hätte, oder dass diese nicht irgendeine reale Grundlage hätten. Mitunter wirkt das, was wir in Träumen erfahren, länger nach als etwas, was geschieht, nachdem wir uns im Bett aufgesetzt, uns gedehnt und gereckt und unseren Tag begonnen haben. Mystiker aus nahezu allen Traditionen behaupten im Übrigen, dass das, was wir die *reale Welt* nennen, nichts weiter ist als ein »Wachtraum«, und dass es jenseits dieser Welt eine andere gibt, die noch realer ist. Ich meine, dass ich in dieser *anderen Welt* gewesen bin, und davon handelt die folgende Geschichte. Was Sie davon glauben wollen, können Sie selbst entscheiden, ich glaube jedenfalls alles. Und tatsächlich bin ich der Wahrheit noch nie so nah gekommen wie hier.

James F. Twyman

Kapitel 1

Nichts sah vertraut aus, als ich im August 2009 in Lakeview eintraf. Dreieinhalb Jahre war es her, seit ich zum ersten Mal mit meiner Tochter Angela und ihrer besten Freundin Heather, die auf dem Rücksitz schlief, durch dieses kleine Städtchen in Oregon gefahren war. Damals waren wir froh, dass wir am Leben waren. Dichter Dezemberschnee hatte seine Decke über Lakeview gebreitet, und wir trafen mit vor Kälte steifen Fingern erschöpft hier ein, nachdem wir gerade auf dem State Highway 140 fast in einen 100 Meter tiefen Abgrund gestürzt wären. Die Tatsache, dass ich unter so besonderen Umständen Jahre später nun wieder herkam, rief ein traumähnliches Gefühl in mir hervor, das mir langsam die Wirbelsäule hochkroch wie ein Insekt, das ich weder zu greifen bekam, noch sonst irgendwie beseitigen konnte. Meine Arme waren einfach nicht lang genug und meine Muskeln zu steif, um es überhaupt zu versuchen.

Obwohl sich jetzt nur mein Koffer und meine Gitarre

auf dem Rücksitz befanden, ertappte ich mich dabei, wie ich nach den Mädchen schaute, als wäre seit dieser schicksalshaften Nacht keinerlei Zeit vergangen. Nach dem Tod meiner Frau waren wir in Chicago gewesen und nun fast am Ende einer über 3000 Kilometer langen Reise zurück nach Oregon. Wir hatten alles getan, um uns eine gemütliche und entspannte Atmosphäre zu schaffen. Lindas Asche hatte ich zusammen mit dem Gepäck und verschiedenen Sachen, die Angela nicht zurücklassen wollte, im Kofferraum verstaut. Meine Tochter würde wahrscheinlich nie mehr nach Chicago zurückkehren, dort wartete keiner mehr auf sie, und das Bewusstsein, dass ihre Mutter ermordet worden war, begann langsam bei ihr durchzusickern.

Ein riesiges Cowboy-Standbild aus Sperrholz proklamierte Lakeview als die »höchste Stadt in Oregon«, was sich wohl eher auf seine geografische Lage als auf die Höhe der Gebäude bezog. Wäre nicht der merkwürdige übernatürliche Sog gewesen, den die Gegend auf mich ausübte, dann hätte ich überhaupt nicht in Erwägung gezogen, je wieder herzukommen. Es war, als hätte ich in jener schrecklichen Nacht einen Teil von mir zurückgelassen, und ich spürte, dass ich mich nie gänzlich von Lindas Tod erholen würde, bevor ich mir diesen Teil nicht wieder zurückholte. Eine Erinnerung verfolgte mich, die ich nicht loswurde, und ich hatte gar keine andere Wahl als Hunderte von Kilometern zurückzulegen, um die Dämonen der Vergangenheit zu vertreiben. Eigentlich wollte ich diese

Reise gar nicht unternehmen, aber mir wurde schließlich klar, dass ich keine Wahl hatte.

Ich hatte noch nie nach einem verlorenen Teil meiner Seele gesucht und war mir daher nicht sicher, wie ich es überhaupt anfangen sollte. Ganz sicher war ich mir nur darüber, wo das fehlende Artefakt zu finden war: an diesem Abgrund. Er wartete auf mich, als wäre ich genauso Gegenstand seiner Vorstellung wie umgekehrt, so viel war sicher. Ich hatte versucht, alles hinter mir zu lassen, aber da fehlte etwas, das ich noch bergen musste. Nur der Abgrund wusste, wo es zu finden war, und ich war fest entschlossen, ihm die Information auf die eine oder andere Weise zu entlocken.

Am Tag davor hatte ich Portland verlassen und war bis Ashland gekommen, um am nächsten Nachmittag meine Reise nach Lakeview fortzusetzen. Als ich ankam, war es schon fast dunkel, und ich wusste, dass es keinen Sinn hatte, vor dem nächsten Morgen zu der Unglücksstelle zu fahren. Obwohl ich von diesem Ort, an dem ich fast die Kontrolle über den Wagen verloren hätte, ein Bild in mein Gedächtnis eingebrannt trug, würde ich doch ohne Tageslicht nie in der Lage sein, ihn wiederzufinden. Ich war schon fast am Stadtrand angelangt, als ich den Budget Inn entdeckte, dasselbe Hotel, in dem wir schon vor dreieinhalb Jahren untergekommen waren. Ohne zu überlegen hielt ich auf dem Hotelparkplatz. Es wunderte mich nicht weiter, als in mir wieder das alte Gefühl der Erleichterung darüber auftauchte, den Sturm heil überstanden zu haben. Hinzu kam nun auch das Bewusstsein, dass das Abenteuer noch nicht zu Ende war. Ich öffnete die Autotür und nahm einen tiefen Atemzug, bevor ich mich auf den Weg zur Rezeption machte. Es gab überhaupt keinen Grund, die Sache auf die lange Bank zu schieben, dachte ich. Es war Zeit, diese bizarre Geschichte abzuschließen und endlich weiterzuleben.

Die Eingangstür gab einen markanten Ton von sich, als ich eintrat, und signalisierte dem Mann, der im Büro hinter der Rezeption saß, dass ein Kunde gekommen war. Von dort, wo ich stand, konnte ich seinen breiten Rücken und das lange, dunkle Haar sehen, und als er sich umdrehte, erstaunte es mich nicht, dass er Indianer war. Ohne mich anzuschauen, trat er heran und schob mir mit seinen großen, kräftigen Händen das Anmeldeformular entgegen.

»Sie suchen ein Zimmer?«, fragte er gedehnt und etwas monoton.

»Ja, für eine Nacht«, antwortete ich. »Ein Einzelzimmer bitte, ich bin allein.«

»Für 69 Dollar bekommen Sie ein französisches Bett. Wenn Sie Mitglied im Autoclub sind, ist es ein bisschen billiger. Sind Sie das?«

Als er mich jetzt zum ersten Mal anschaute, gefror mir das Blut in den Adern. Meine Reaktion war nicht logisch begründbar, aber sein Blick hatte eine so unerwartete Intensität und Kraft, dass er mich schier überwältigte. »Ja«, flüsterte ich schließlich stotternd. »Wie viel macht das dann?«

»Dann sind es nur 59 Dollar. Ist das o.k.?«

»Ja, geht in Ordnung. Ich war vor etwa drei Jahren schon mal hier, da kam es mir hier sehr wohnlich vor.«

Ich merkte, dass ich eher mit mir selbst redete als mit ihm. Die Energie, die ich spürte, wenn er mich ansah, lastete so schwer auf mir wie Blei, und durch das Sprechen versuchte ich mein Unbehagen zu überspielen. Als er schließlich wegschaute, verschwand mein Gefühl, als wäre es nie da gewesen. Ich nahm den Stift in die Hand und füllte das Formular aus in der Hoffnung, dass er nichts mitbekommen hätte. Er hatte sich bereits umgedreht und sortierte irgendwelche Papiere in einen Aktenschrank. Erst da stellte ich fest, wie groß und schwer er eigentlich war. Seine Schultern waren unglaublich breit, und sein Rücken schien nur aus Sehnen und Muskeln zu bestehen. Als er sich mir wieder zuwandte, sprang mein Blick hastig zum Formular zurück, damit er nicht merkte, dass ich ihn angestarrt hatte. Ich hatte das unbestimmte Gefühl, dass ihm das nicht gefallen hätte.

»Sie sind in der 23«, sagte er und legte den Zimmerschlüssel vor mir hin. »Wir stellen am Morgen ein Frühstück bereit, falls man das so nennen kann. Wenn es nichts für Sie sein sollte, gibt es in der Umgebung jede Menge Lokale, wo Sie auch etwas Frisches bekommen können.«

»Ich werde bestimmt etwas finden«, sagte ich. »Können Sie mir ein Lokal empfehlen?«

Er sah mich ein paar Sekunden lang an, bevor er antwortete, und wieder spürte ich dieses Unbehagen. »Nein«, sagte er, drehte sich um und ging zurück zu seinem Büro. Erleichtert und nervös zugleich griff ich nach meiner Tasche und machte mich auf zur Tür.

»Wohin sind Sie eigentlich unterwegs?«, fragte er und holte mich damit in den Raum zurück. Als ich mich ihm zuwandte, war ich verblüfft über seinen Anblick. Er lächelte entspannt und wirkte gegenüber dem eben noch finster dreinblickenden Kerl wie ein völlig anderer Mensch. Obwohl er mich direkt ansah, fühlte ich mich jetzt gar nicht mehr unwohl.

»Ich will zum Highway 140«, sagte ich und kehrte zurück zum Tresen.

»Was meinen Sie damit?«, fragte er wieder genauso freundlich. »Sie wollen doch nicht einfach nur zum Highway… da muss doch noch etwas anderes sein.«

»Nein, ich will tatsächlich nur zum Highway. Vor ungefähr dreieinhalb Jahren bin ich dort in einen schrecklichen Schneesturm geraten. Ich würde sagen, der Ort hat ganz schön Eindruck auf mich gemacht. Vielleicht klingt das komisch, aber obwohl ich nicht genau weiß, warum, habe ich den überwältigenden Wunsch, noch einmal dorthin zu fahren. Das werde ich morgen tun, sehen, was ich sehen muss, und dann wieder abreisen.«

»Ich heiße Victor«, sagte er und hielt mir seine Riesenpranke hin. »Ich nehme an, Sie waren noch nie vorher hier in der Gegend?«

Ich drückte seine Hand, entspannte mich und sagte: »Nein, das war das erste Mal, und ich bezweifle, dass ich noch mal herkommen werde. Als ich damals hier durchfuhr, wusste ich nicht, wie gefährlich das war. Ein Großteil der Straße schien direkt seitlich in einen steilen Abhang eingeschnitten zu sein.«

»Es war… und ist keine Straße, bei der man sich Fehler erlauben darf. Die Einheimischen nennen sie die Selbstmordallee, weil schon so viele Menschen abgestürzt sind. Aber meine Leute haben eine andere Meinung dazu. Über einen wirklich langen Zeitraum haben unsere Vorfahren gesagt, dass der Schleier zwischen den Welten da unten nur sehr dünn ist, und dass dort ein Haufen Geister herumstreift. In den alten Tagen durften nur die heiligen Männer oder Häuptlinge bestimmte Täler oder Wälder aufsuchen, wo sie mit den Toten sprachen und von wo sie Weisheit mitbrachten. Heutzutage hört keiner mehr darauf, aber die alten Leute reden noch davon.«

Ich war verblüfft über das, was er sagte. Mir war, als würde ein Puzzleteil endlich seinen Platz finden. Wochenlang hatte mich die Vorstellung davon, wieder dorthin zu kommen, so sehr beschäftigt, dass ich glaubte, ich würde verrückt werden, wenn ich meinem Gefühl nicht folgte. Obwohl ich mir keinen Reim darauf machen konnte, fühlte es sich für mich so an, als wäre ein Teil von mir hier geblieben, den ich unbedingt finden und nach Hause mitnehmen musste.

»Was raten Sie mir?«, fragte ich ihn plötzlich verunsichert.

»Mein erster Rat wäre, dass Sie dem Ort fernbleiben und wieder abfahren«, antwortete er wieder mit diesem intensiven Blick. »Kehren Sie zurück, von wo auch immer Sie gekommen sein mögen.« Dann machte er eine Pause und sah mir tief in die Augen, bevor er fortfuhr. »Wenn nicht, dann tun Sie, was Sie zu tun haben, und kehren Sie nach Hause zurück, sobald Sie es hinter sich gebracht haben. Ich will Ihnen keine Angst einjagen, aber es gibt Gründe dafür, warum meine Leute an diese Dinge glauben. Ich weiß nicht, wie viel davon wahr ist, aber diese Geschichten sind über mehr Generationen erzählt worden, als wir uns vorstellen können. Ich meine damit Tausende von Jahren. Darüber hinaus weiß ich nichts. Erledigen Sie, was Sie bedrängt, und vergessen Sie dann schleunigst alles wieder.«

Ich verließ die Rezeption im Zweifel darüber, ob ich recht daran getan hatte, überhaupt herzukommen. Kaum hatte ich die schreckliche Trauer, die mein Leben über mehr als drei Jahre beherrscht hatte, überwunden, da war ich auf der Jagd nach etwas, das ich nicht verstand. Ein Teil von mir wollte nur schlafen gehen, am nächsten Morgen wieder ins Auto steigen und auf direktem Weg nach Portland zurückfahren. Und doch wusste ich, dass ich das nicht tun würde. Welches Gefühl auch immer mich hierher gelotst hatte, es würde nicht so schnell klein beigeben. Auf die eine oder andere Weise musste ich diese Reise zu Ende und die ganze Angelegenheit zum Ruhen bringen. Erst dann würde ich Bescheid wissen. Erst dann würde ich wirklich verstehen.

Eine Stunde später lag ich schlaflos im Bett. Immer wenn ich gerade dabei war wegzudämmern, sah ich Lindas Gesicht vor mir. Mal jung und strahlend wie 1984, als wir uns zum ersten Mal begegnet waren, dann wieder tot in ihrer Wohnung in Evanston, Chicago. Ich versuchte, die Gedanken zu verscheuchen, aber es gelang mir nicht. Das Letzte, was ich jetzt brauchte, war, dass mich diese entsetzliche Nacht heimsuchte, in der sich für die Menschen, die sie liebten, alles geändert hatte. An der Zimmerdecke reflektierte sich funkelnd wie lauter winzige Diamanten das Licht. Ich versuchte, mich auf sie zu konzentrieren, um mich ein wenig länger wach zu halten. Ich wollte nicht an Linda denken, nicht jetzt jedenfalls, da ich meine Gedanken offensichtlich nicht kontrollieren konnte. *Denk bloß nicht an diese eine Nacht damals*, dachte ich. *An alle Nächte, aber nicht an diese eine.*

Kapitel 2

27. November 2005
Dreieinhalb Jahre davor

Die Luft war kalt, und die Glühbirne über der Tür warf lange Schatten den zementierten Weg hinunter. Es war neun Uhr abends, und Linda stand neben dem niedrigen Holzzaun, der ihr zweistöckiges Mehrfamilienhaus in Evanston, Illinois, vom Nachbarhaus trennte. Sie bereute es schon jetzt, dass sie eine Zigarette rauchte, und wünschte, sie wäre stärker. Seit der letzten waren zwanzig Tage, vier Stunden und neunzehn Minuten vergangen, das war mehr, als sie bislang in über fünfundzwanzig Jahren geschafft hatte. Von Anfang an hatte ihr Asthma unter der Belastung zugenommen, eine Schwäche, die sie ihrer neunzehn Jahre alten Tochter Angela vererbt hatte. Linda hatte vorgehabt, ein für alle Mal mit dem Rauchen aufzuhören, und verfluchte ihre Labilität.

Sie schaute durchs Fenster in ihre Wohnung mit der leeren Couch und dem leeren Sessel und wünschte, Angela wäre nicht bei ihrem Vater in Minneapolis, wo sie mit seiner Familie Thanksgiving feiern wollte. Zu dumm, dass sie Ja gesagt hatte, dachte Linda bei sich. Sie hatten immer eine Abmachung gehabt, und er hatte sie dazu gebracht, sie zu brechen. Seit Angela vier Jahre alt war, hatten sie nicht mehr zusammengelebt und sich immer an das gehalten, was sie das »Ferien-Rotationsprinzip« nannten. Wenn er Angela über Thanksgiving bei sich hatte, verbrachte sie Weihnachten bei Linda oder andersherum. Das Prinzip hatte fünfzehn Jahre lang funktioniert, aber jetzt war alles anders.

Sie war selbst schuld, denn sie hatte sich durchaus vorstellen können, die freien Tage allein oder mit ein paar Freunden zu verbringen. Außerdem musste sie zugeben, dass sie ihn sogar auch ein bisschen vermisste. Obwohl sie sich über die Jahre immer nahegestanden hatten, war ihr jetzt, als sie ihn wiedergetroffen hatte, das Herz aufgegangen, und das hatte er sofort ausgenutzt. Aber vielleicht war es ungerecht, so zu denken, denn schon seit der Trennung hatte er versucht, sie wieder zurückzugewinnen. Obwohl sie die Tür zugeschlagen und eine Wiederannäherung nie in Betracht gezogen hatte, war er standhaft geblieben. Linda fand das entwaffnend, so dass der Eisberg nun langsam zu schmelzen begann. Er hatte über die Jahre ein paar Beziehungen gehabt, von denen aber keine länger als ein Jahr gehalten hatte. Ein Teil von ihm wollte einfach nicht aufgeben, als meinte er es wirklich ernst, wenn er sagte, dass er sie immer lieben werde. Jetzt dachte sie zum ersten Mal in all den Jahren, dass sie ihn vielleicht doch auch liebte. Das Rad der Zeit hatte begonnen, seinen Zauber auszuüben, und Linda erwischte sich bei dem Gedanken, dass es mit ihnen beiden womöglich doch noch klappen konnte.

Angela war nach ihrem Schulabschluss vor zwei Jahren nach Oregon zu ihrem Vater gezogen. Der Wechsel hatte ihr ganz gutgetan, und sie war ein anderer Mensch, als sie dann an das Aveda Institute nach Chicago zurückkehrte, um hier eine Ausbildung zu machen. Die Jahre, die sie mit allen Schikanen gegen die Mutter rebelliert hatte, lagen hinter ihr, nun schien ihr eher daran gelegen, nett zu Linda zu sein. Inzwischen ging sie sogar ein- bis zweimal die Woche mit ihrer Mutter essen. Sie war erwachsener geworden in Oregon, und es war jetzt an der Zeit, wieder miteinander befreundet zu sein. Linda begrüßte diese Veränderung, eine kostbare neue Zeit schien angebrochen, eine Zeit, die sie sich immer gewünscht, aber nicht mehr gehofft hatte zu erleben.

Warum also war Linda auf seine Bitte eingegangen, ob er die Tochter mit nach Minneapolis nehmen dürfe? Die Ausbildung war zu Ende, und Angela mochte das kleine Ashland lieber als Chicago und würde eine Woche danach auch wieder nach Oregon ziehen. Ihr Vater war gekommen, um sie abzuholen und ein paar Tage in der Stadt zu verbringen. Dann waren sie beide nach Minneapolis geflogen, obwohl Linda wusste, dass Angela auch das Weihnachtsfest in Oregon feiern würde. Das waren zwei Ferien hintereinander. Einfach unfair.

Wie sie nun so mit ihrer ersten Zigarette in zwanzig Tagen hier draußen stand, wünschte Linda, sie hätte Nein gesagt. Warum hatte sie nicht darauf gedrängt, dass beide blieben, und sich selbst die Chance gegönnt, sich an ihrer Tochter und der neuen Beziehung zu ihr, sowie zu dem Mann zu freuen, den sie vor so vielen Jahren abgeschrieben hatte? Was hätte passender sein können zum Feiern als Thanksgiving, eine Zeit, zu der man dankbar sein soll für alle überraschenden Geschenke, wenn man schon längst aufgehört hat, Ausschau nach Überraschungen zu halten? Plötzlich wurde ihr klar, dass sie, ohne sich dessen bewusst zu sein, genau das getan hatte: Sie hatte einer alten Wunde erlaubt, endlich zu heilen und sich in etwas Neues, Brauchbares zu verwandeln. Trotz des Schmerzes darüber, dass sie nicht hier waren, durchströmte Linda eine unerwartete Süße. Und selbst wenn das nicht ihr Bedürfnis ersetzen konnte, die beiden zu spüren und zu berühren, war das doch sehr kostbar.

Sie waren dreiundzwanzig gewesen, als sie geheiratet hatten, eine – wegen der bevorstehenden Geburt ihres ersten und einzigen Kindes – überstürzte Entscheidung. Keiner wunderte sich, als die Ehe einige Jahre später grandios scheiterte, im Wesentlichen, weil er ein verzweifeltes Bedürfnis verspürte, die Welt zu verändern. Er war fortgegangen, um als Musiker Karriere zu machen, während sie sich mit ihren Verlassenheitsgefühlen auseinandersetzen musste, einem Erbe, das ihr schon andere, die sie geliebt hatte, hinterlassen hatten. Er hatte sozusagen den einen wunden Punkt getroffen, der mehr wehtat als alles andere. Obwohl er bereits nach drei Monaten begriff, dass er einen Fehler gemacht hatte, gab es für Linda kein Zurück mehr. Er hatte die eine, absolut unverzeihliche Sünde begangen, und nun sollte er dafür bezahlen. Er war ein bekannter, erfolgreicher Musiker und Autor geworden, der ein Gutteil seiner Karriere sogar ihr gewidmet hatte, aber das war ihr egal. Die furchtbare Tat war geschehen, und ihre Wirkung ließ sich nicht mehr rückgängig machen. Trotz seiner Reue blieb ihr Herz verschlossen, und sie hatte sich nicht vorstellen können, dass sich das jemals wieder ändern würde.

Und dann hatte sich zu ihrer großen Überraschung doch alles geändert. Lag das nur daran, dass sie jetzt älter waren und die Hoffnungen der Jugend sich endlich gelegt hatten? Die damals noch unreife Liebe war nun plötzlich neu erblüht und versprach eine Ernte, die in jenen jungen Jahren unmöglich gewesen wäre. Linda begriff, dass sie diese Liebe so sehr wollte wie noch nie etwas auf der Welt. Jetzt konnte sie endlich ihre Arme ausbreiten und hoffte, dass sie sie nicht in letzter Sekunde aus Angst wieder zurückziehen würde. Angst war ohnehin Lindas ständiger Begleiter. Der Mann, den sie seit über zwanzig Jahren kannte, stand vor ihr wie jemand, dem sie noch nie begegnet war, was ihren Gerechtigkeitssinn ungemein aktivierte. Er hatte zwar etwas schrecklich Verkehrtes getan, aber seine Ergebenheit war stärker gewesen als ihr Selbstgerechtigkeitsgefühl. Konnte sie ihr Schwert einfach niederlegen und ihn ohne Entschädigung wieder in ihr Leben hineinlassen? Oder hatte er seine Schuld nicht ohnehin längst bezahlt und über alle Maßen bewiesen, dass seine Liebe auch Kampf und Verzweiflung standhalten konnte?

Während sie darüber nachdachte, war die Zigarette zu zwei Dritteln abgebrannt, und Linda warf sie in die leere Blechbüchse neben der Tür. Seit Wochen hatte sie diese Blechbüchse keines Blickes mehr gewürdigt, was ihren Missmut nur noch verstärkte. Warum erlag sie den Belastungen in ihrem Leben so leicht, ganz besonders jetzt, wo sie an der Schwelle zu einem so vielversprechenden Neuanfang stand? Ihre Tochter liebte sie, und der Mann, dem sie sich vor zwanzig Jahren fürs ganze Leben versprochen hatte, war plötzlich wieder am Horizont aufgetaucht. Auch wenn sie im Moment allein war, waren diese Entwicklungen nicht zu übersehen, und es kam ihr seltsam vor, dass sie auf solche alten Gewohnheiten zurückgriff, umso mehr, da sie sich damit so leer fühlte. Es war an der Zeit, das Leben auf eine Weise willkommen zu heißen, wie es ihrem neuen Standort entsprach. Dabei kam es gar nicht darauf an, wie die Sache schließlich ausgehen würde. Wichtig war, dass sie zu einem tiefen Wandel bereit war, der die Macht hatte, ihr Leben grundlegend zu verändern.

Als sie sich ihrer Wohnung zuwandte, nahm sie aus dem Augenwinkel eine ungewohnte Bewegung wahr, dachte jedoch nicht weiter darüber nach, bis sie Sekunden später das Geräusch hörte. Es war ein unterdrückter Laut, wie eine leise Männerstimme, die nicht entdeckt werden wollte. Für alle Fälle griff sie schnell nach der Türklinke, um die Wohnung von innen abzusperren.

Aber da hatten sie sie schon erreicht und stießen sie hart gegen die Wand, so dass sie mit dem Gesicht gegen die raue Holztür krachte. Unversehens glitt sie ins Sichtfenster, während die zwei Männer sie in die Wohnung hineindrängten. Obwohl sie ihre Gesichter nicht sehen konnte, die unter dunklen Kapuzen versteckt waren, begriff sie sofort, dass sie jung und gefährlich waren. Der Größere der beiden erdrückte sie so mit seinem Gewicht, dass sie gar keine andere Möglichkeit hatte, als in die Küche zurückzuweichen.

Eine harte Hand presste sich auf ihren Mund, so dass sie nicht schreien konnte. Die womöglich noch sehr jungen Männer waren schnell und wendig. Sie wollten sich offenbar nicht zu lange in der Nähe der Fenster oder der Tür aufhalten, falls ein Nachbar hinausschauen oder etwas von dem Handgemenge hören sollte. Als sie Sekunden später im Wohnzimmer mit der leeren Couch und dem leeren Sessel angelangt waren, ließ der eine gleich die Rollläden herunter, während der andere sie festhielt. Linda versuchte vergeblich, sich aus seinem Griff um Nacken und Oberkörper zu befreien. Als er jedoch sein

Gewicht verlagerte und zur anderen Tür hin gestikulierte, damit sein Kumpel prüfte, ob sie verschlossen war, ergriff sie ihre Chance und wand sich aus seinem Griff heraus.

Sofort begann sie so laut zu schreien, wie sie nur konnte. Sie rannte zum Fenster in der Hoffnung, sie könnte mit ihrem Geschrei das Glas zerschmettern. Dann griff sie nach dem großen gebundenen Buch, in dem sie gerade gelesen hatte, bevor sie zum Rauchen vor die Tür gegangen war. Es war zwar keine Waffe, aber besser als nichts. Sie fuchtelte damit herum, während sie weiter schrie und hoffte, dass jemand kommen würde.

Dann sah sie das Messer in der Hand des anderen Mannes. Er lief auf sie zu und stach nach ihr. Obwohl er sie traf, konnte sie das Schlimmste mit ihrem Arm abwenden. Sie schrie weiter um Hilfe. Wieder traf sie das Messer, diesmal in der Brust, zwar nicht tief, aber so, dass sie nach Luft schnappte. Dann ließ der schreckliche Mann seinen Arm mit dem Messer auf ihren Kopf sausen, und Linda fühlte, wie die Messerschneide sich tief in ihren Nacken einschnitt. Sie sank auf die Knie und spürte, wie ihr das warme Blut den Körper herunterlief. Der Mann hielt inne, und beide schauten auf sie herab, ratlos, was sie jetzt tun sollten. Linda versuchte, sich aufzurichten, um sich von ihnen zu entfernen, aber sie konnte sich nur noch auf allen vieren fortbewegen. Instinktiv kroch sie auf Angelas Zimmer zu, als wollte sie ihre Tochter beschützen, die sich sechshundertundfünfzig Kilometer weit weg in Minneapolis befand. Die Männer flüchteten, sie wollten das Ende nicht abwarten. Die Wunde war zu tief, das Blut floss zu schnell. Während Linda auf Angelas Bett fiel, rannten sie zur Tür hinaus auf die Allee.

Kapitel 3

Meine Eltern schreckten mich aus dem Schlaf, als ich gerade bei meinem Bruder in Minneapolis zu Besuch war. Sie hatten diesen Ausdruck in den Augen, dem du gleich ansiehst, dass irgendetwas Schreckliches passiert ist. Sofort dachte ich an Angela. Aber sie schlief im Souterrain, so dass es keinen Grund zur Beunruhigung geben konnte. Dann dachte ich an meine Brüder und Schwestern und Nichten und Neffen. Was konnte über Nacht Furchtbares geschehen sein? Die Tatsache, dass meine Eltern die vier oder fünf Meilen von sich zu Hause bis zu Kennys Haus zurückgelegt hatten, zeigte, dass sie immerhin so gefasst waren, Auto fahren zu können. Somit musste es allen direkten Familienmitgliedern gut gehen. Im Kopf erweiterte ich meine Suchparameter wie eine Internetsuchmaschine, die alle Computer der Welt auf der Suche nach der richtigen Antwort scannt. Wer konnte es sonst noch sein außer Brüdern, Schwestern, Nichten oder Neffen? Es gab keinen Zweifel daran, dass der Ausdruck in ihren Augen etwas besagte, was ich nicht hören wollte und das nicht etwa mit Geburtstagen oder Jubiläen zu tun hatte, sondern mit Autounfällen oder Herzinfarkten.

Im Rückblick erstaunt es mich, dass ich direkt nach dem Aufwachen so klar denken konnte. Es war, als hätte mein Gehirn in einen hyperaktiven Modus geschaltet, in dem es auf der Stelle komplizierte mathematische Aufgaben hätte lösen können, obwohl ich im Gymnasium in Mathe fast durchgefallen wäre. Hätte es sich um einen Autounfall gehandelt und ein Kind wäre unter dem demolierten Auto eingeklemmt gewesen, dann hätte ich es ohne weiteres bis über meinen Kopf heben können – dies wäre in etwa die körperliche Entsprechung meines geistigen Zustandes gewesen. Irgendetwas Schreckliches war geschehen, und mir schien, dass der Schlag abfangbar sein müsste oder sich gar vermeiden ließe, wenn ich erraten würde, was es war, bevor sie es mir sagten. Wenn ich es schon einmal verstandesmäßig erfassen könnte, dann würde die Wirklichkeit leichter, und der überwältigende Schlag, der auf mich zukam, wäre einfacher zu verkraften.

»Was ist los?«, fragte ich und setzte mich im Bett auf. »Warum seid ihr so früh hier?«

»Steh auf und komm nach unten«, sagte meine Mutter monoton. »Dort sagen wir es dir.«

Damit überrollte mich eine Lawine der Angst wie Tonnen von Erde und Geröll. Natürlich war da immer noch die Möglichkeit, dass ich mich täuschte, dass sie einfach zu einem frühen Frühstück gekommen waren und nicht warten wollten, bis ich von selber aufwachte. Mit ihren Worten war jedoch jeder Funken Hoffnung verschwunden. Sie trafen mich wie die eines Richters, der das Urteil spricht und den Mörder zum Tode verurteilt, oder wie Muhammad Alis Schlag, der George Foreman erschreckt und überrumpelt zu Boden gehen ließ.

»Sagt es mir jetzt«, sagte ich heiser. »Was ist passiert?«

Nun kam eine lange Pause, die mir alle Kraft aus den Gliedern sog. Mir wurde ganz schwach zumute, und alle Energie, die ich eben noch gespürt hatte, entwich durch meinen geöffneten Mund. Mir fuhr der Gedanke durch den Kopf, dass das alles nicht sein konnte, ich also in Wahrheit noch tief und fest schlief und nur träumte. Ich hatte das schon erlebt, so unzusammenhängende Albträume, die sich einem ins Bewusstsein schleichen, wenn man eine oder zwei Stunden zu lange schläft, als wollte das Gehirn einem sagen: »Na los, Mann, jetzt werd schon wach.« Ich erinnere mich noch, wie ich den Kopf schüttelte, um wach zu werden, in der Hoffnung, ich würde in eine Welt auftauchen, in der meine Eltern nicht mit traurigen, gebrochenen Augen über meinem Bett standen, aber nichts änderte sich. Sie waren immer noch da, und sekundenschnell begriff ich die schreckliche Wahrheit: Ich träumte nicht, etwas Furchtbares war geschehen, etwas so Schlimmes und Schwieriges, dass sie nicht einfach nur hatten anrufen können. Sie mussten diese Nachricht, um was auch immer es sich handelte, persönlich überbringen, um bei dem mit Sicherheit folgenden Zusammenbruch da zu sein.

»Mom, was ist passiert?«, fragte ich. »Ich will nicht nach unten gehen, sag es mir jetzt.«

Sie holte tief Luft. »Linda ist heute Nacht umgebracht worden.« Jetzt war es heraus. Es war, als wollten sie es erst sacken lassen, bevor sie noch mehr sagten, als wollten sie mir die Möglichkeit geben, mich an die Nachricht, dass meine Exfrau nicht mehr da war, zu gewöhnen. Ich wusste natürlich, dass das unmöglich war. Bevor ich ins Bett gegangen war, erst vor wenigen Stunden also, hatte ich noch mit ihr gesprochen. Wer dachte, sie sei ermordet worden, machte sich nur lächerlich. Am Tag davor waren Angela und ich bei meiner Schwester zu Hause gewesen, und ich hatte zufällig ein Gespräch mitgehört, das sie mit ihren beiden Cousinen Alissa und Kaitlyn geführt hatte. Die beiden waren mitten in der Pubertät, und die Art, wie sie mit ihrer Mutter redeten, erinnerte mich daran, wie Angela Linda behandelt hatte, als sie genauso alt war. Sie wussten nicht, dass ich zufällig gleich hinter der Tür stand und ihr Gespräch mit anhören konnte. Angelas Worte berührten mich.

»Wisst ihr, ich hab mit meiner Mutter immer genauso geredet wie ihr mit eurer«, sagte sie. »Und mein Vater hat immer gesagt, dass ich das eines Tages bereuen würde. Niemals, antwortete ich ihm. Ich war genau wie ihr, rotzfrech und selbstsicher. Na ja, inzwischen bin ich ein bisschen älter und weiß, dass er recht hatte. Deshalb sage ich euch jetzt genau dasselbe. Ihr werdet bereuen, wie ihr mit eurer Mutter gesprochen habt. Wahrscheinlich glaubt ihr mir ebenso wenig, wie ich meinem Vater geglaubt habe, aber es stimmt, und irgendwann werdet ihr es einsehen. Denkt doch wenigstens mal drüber nach und versucht, ein bisschen netter zu sein.«

Als ich später am Abend wieder bei Kenny zu Hause war, rief ich Linda an und erzählte ihr, was ich Angela hatte sagen hören. Es war, als hätte sie ihr Leben lang darauf gewartet, als hätte sie schon alle Hoffnung aufgegeben gehabt, dass Angela ihre Liebe eines Tages erwidern würde. Als sie zu weinen begann, wusste ich, dass ich das Richtige getan hatte. Außerdem hatte ich das Gefühl, dass es uns einen Schritt näher zueinander brachte. Mein Traum, nach so vielen Jahren wieder zusammenzukommen, schien wieder im Bereich des Möglichen, und Angelas Offenbarung war ein weiteres Zeichen dafür, dass die Zeit reif war.

»Ich hab erst gestern Abend mit ihr gesprochen, es kann also gar nicht sein…«, sagte ich zu meiner Mutter. »Warum sagst du mir so was?«

»Colleen hat uns angerufen, weil dein Handy ausgeschaltet ist«, sagte mein Vater. »Es stimmt, Jimmy … sie ist heute Nacht ermordet worden. Wir wissen nur, dass jemand in ihre Wohnung eingebrochen ist, und dass sie tot ist. Mehr hat uns Colleen nicht gesagt.«

Lindas ältere Schwester Colleen hatte nie aufgehört, mich als Familienmitglied zu betrachten. Schließlich hatte mich unsere Freundschaft mit Linda, der Frau, die mein Leben verändern sollte, zusammengeführt. Ebenso hatte meine Mutter immer darauf beharrt, dass Linda und ich unsere Probleme klären und wieder zusammenkommen sollten. Noch nach zehn Jahren, als die Scheidung längst vollzogen war, sagte sie zu jedem, Linda werde immer ihre Schwiegertochter bleiben, und es sei an der Zeit, dass die Betreffenden endlich Vernunft annähmen und ihre Probleme lösten. Es war einer dieser seltenen Umstände, dem sich keiner beugen wollte und wo jeder sich an die Vision einer Liebe klammerte, die eines Tages über all diese unreifen Entscheidungen, die wir in unserer Jugend getroffen hatten, den Sieg davontragen würde. Für mich hatte das die Hoffnung ebenfalls am Leben erhalten.

Ich setzte mich im Bett auf und rieb mir die Augen. Aber als ich sie wieder öffnete, waren meine Eltern immer noch da, der böse Traum war Wirklichkeit. Eine schreckliche Schwere legte sich mir auf die Brust und drückte mich wieder auf die Matratze nieder. Es war ein seltsames Gefühl, das mich wie die Wellen eines mächtigen Ozeans durchströmte, und es fiel mir schwer, mich aufzusetzen. Als ich endlich mein Gleichgewicht zurückgewonnen hatte und die Füße aufstellen konnte, trat meine Mutter einen Schritt auf mich zu und setzte sich neben mich.

»Wo ist Angela?«, fragte sie leise. »Ich habe sie drüben nicht gesehen.«

»Sie schläft im Souterrain auf dem Sofa«, sagte ich und dachte nun zum ersten Mal an sie und daran, dass sie noch nicht einmal ahnte, wie sich ihr Leben gerade verändert hatte. »Sie hat unten geschlafen, weil... Eigentlich weiß ich nicht, warum. Ich muss sie aufwecken.«

»Warte noch ein bisschen damit«, sagte meine Mutter. »Es gibt keine Eile. Lass sie schlafen. Sie wird es früh genug erfahren.«

Mein Bruder kam komplett angezogen ins Zimmer, er sah aus, als wäre er schon viel länger wach als ich. »Ich hab gerade im Internet nachgeschaut«, sagte er. »Es scheint schon ein paar Berichte über das zu geben, was passiert ist.«

»Die möchte ich sehen«, sagte ich, sprang aus dem Bett und lief in das andere Zimmer hinüber. Wenn es sich nun doch um ein großes Versehen handelte und es ihr gut ging, oder wenn sie zwar womöglich schwer verletzt im Krankenhaus, aber am Leben war? Ich setzte mich vor den Bildschirm und schaute mir die Seite an, die er aufgerufen hatte. Es war die Webseite einer lokalen Chicagoer Fernsehstation, und die Hauptschlagzeile machte auch diese allerletzte Hoffnung zunichte:

Frau in ihrer Wohnung
in Evanston erstochen aufgefunden

Kenny klickte auf das Icon, worauf ein Videobericht der Nachrichtensendung vom Vorabend geladen wurde:

»Eine Frau ist in der nördlichen Vorstadt erstochen worden. Linda Twyman war dreiundvierzig Jahre alt. Die Polizei ist dabei, nach Verdächtigen zu suchen. Die Nachbarn sind fassungslos, sie sagen, sie habe um ihr Leben geschrien…«

Ich fiel auf die Knie, der Boden gab unter mir nach. Keine Chance, dass ich nur träumte, keine Chance, dass es sich um ein großes Versehen handelte und Linda gesund in ihrem Bett lag oder auf dem Weg zur Arbeit war, und keine Chance, dass ich sie je lebend wiedersehen würde. Es fühlte sich so an, als würde der Nachrichtenbericht mein Leben entzweischlagen wie ein riesiger Nagel, der mit voller Kraft in ein Holzbrett gehämmert wird und es dabei zersplittert. Und es gab nichts, was ich dagegen tun konnte. Meine Eltern kamen ins Zimmer und legten mir die Hände auf den Rücken, als wollten sie meinen unvermeidlichen Zusammenbruch irgendwie noch auffangen. Blindlings griff ich nach dem Stuhl vor mir und zog mich daran hoch.

»Ich muss es Angela sagen«, sagte ich und versuchte verzweifelt, mich zusammenzureißen.

Keiner sagte etwas, als ich ins Erdgeschoss hinunterging und die Tür zum Souterrain öffnete. Adrenalin schoss mir durch den Körper und füllte mich mit trügerischer Energie, als würde ich gleich einen Wettlauf starten oder eine Bühne betreten. Ich dachte darüber nach, wie wenig das zu dem passte, was ich gleich tun würde. Am Fuß der Treppe angelangt, sah ich Angela auf dem Sofa in zwei Betttücher eingemummelt. Ein Teil von mir wollte sie schlafen lassen und ihr das Unvermeidliche überhaupt nie mitteilen. Der andere Teil, der adrenalingetränkt war, wollte am liebsten nach vorn preschen und es so schnell wie möglich hinter sich bringen, als wäre so der Schlag auffangbar. Ich ging zu ihr und berührte sie an der Schulter.

»Schätzchen, wach auf... Ich muss dir etwas sagen.«

Sie schaute zu mir auf und sah, wie mir die Tränen aus den Augen schossen.

Kapitel 4

Die nächsten Tage waren ein einziges Wirrwarr aus Aktivitäten und Zusammenbrüchen. Während ich Hals über Kopf in meine Trauer hineinstürzte, reagierte Angela völlig anders. Es war eine Woche vor ihrem zwanzigsten Geburtstag, und der Verlust ihrer Mutter in so jungem Alter, dazu noch auf so sinnlose Weise, versetzte sie in ein emotionales Koma, in dem alle Gefühle abgetötet waren. Es war ein Schutzreflex, wie er sich automatisch einstellt, wenn man sich zum Beispiel an einer heißen Herdplatte verbrannt hat. Die Erinnerung bleibt dauerhaft im Bewusstsein haften, so dass ab jetzt alle Kocheinrichtungen suspekt erscheinen. Angelas Freundinnen waren bei ihr, um sie zu unterstützen, und während sie im Innern zutiefst verletzt war, tat sie nach außen so, als wäre alles normal und wie immer. Womöglich hoffte sie, dass das, was geschehen war, durch Nichtbeachtung wieder verschwinden würde.

Ich bat einen Freund, der am nördlichen Stadtrand von Chicago wohnte, uns für die ersten Tage aufzunehmen, um die Details der Tragödie ein wenig auf Distanz zu halten. Die Vorstellung, das Haus zu sehen oder überhaupt einen Fuß nach Evanston zu setzen, war nahezu unerträglich. Heather, Angelas beste Freundin in Oregon, kam extra angeflogen, und wir holten sie am Flughafen ab; Leslie, ihre beste Freundin aus der Highschool, gesellte sich ebenfalls bald zu uns. Zwei meiner besten Freunde – Sharon Williams, mit der ich viele Jahre zusammengearbeitet hatte, und Neale Donald Walsch – kamen am nächsten Tag ebenfalls mit dem Flugzeug aus Oregon, um uns zu unterstützen. Neale ist der Autor der Buchreihe »Gespräche mit Gott«, und ich wusste, dass seine Weisheit und Energie uns allen enorm helfen konnten. Wir versammelten unsere Freunde um uns, damit sie uns zusammenhielten und eine Barrikade gegen die dunklen Wolken bildeten, die uns unser letztes bisschen Fassung zu nehmen drohten. Aber egal, wer da war und was gesagt wurde, die Wolken brauten sich mit jedem Augenblick verhängnisvoller und furchteinflößender zusammen. Es blieb uns nichts anderes übrig, als stehenzubleiben und uns den Sturm um die Ohren pfeifen zu lassen, egal, von wo er gerade kam.

Der erste gemeinsame Abend war der allerheikelste. Keiner wusste, was er tun oder sagen sollte, keiner wusste, was besser war: sich mitten ins Herz des Hurrikans zu stürzen oder besser am Rand stehen zu bleiben und dabei zuzuschauen, wie er blindlings Bäume herausriss und Häuser zerstörte. Wir kauften Wein und bestellten uns vom Chinesen Essen nach Hause, versammelten uns im dunklen Wohnzimmer und kuschelten uns zusammen, als wären tatsächlich die Fundamente des Hauses in Gefahr. Irgendjemand begann witzige Geschichten aus Lindas Leben zu erzählen, und wir erinnerten uns daran, auf wie viele Arten sie uns berührt und geliebt hatte. Angela beteiligte sich zwar an dem Gespräch, schien jedoch den eigentlichen Grund, aus dem wir da waren, ausgeblendet zu haben. Und trotz der Geschichten, die wir erzählten, und unserem wiederholten Lachen blieb die eiskalte Tatsache bestehen, dass Linda nicht mehr da war, und dass nichts sie je wieder herholen konnte.

Ich saß ein wenig abseits und beobachtete die Mädchen. So verschieden wir auch mit dem Verlust umgingen, tat es doch gut zu lachen und an Linda mit ihrer fröhlichen Ausstrahlung zu denken. Sie war die Art von Mensch, den alle gernhaben, denn sie ging mit schlichter Anmut und sanfter Kraft durchs Leben. Sie war nie laut oder anmaßend, lieber wirkte sie im Hintergrund, als sich selbst ins Licht zu stellen. Dabei besaß sie zugleich eine Eleganz, die unverkennbar und selten war, und es war sehr leicht, sich in sie zu verlieben, wie ich ja aus erster Hand wusste. Linda war meine erste Liebe und zumindest bis zu diesem Zeitpunkt die einzige Frau, der ich mich voll und ganz und ohne jede Einschränkung hatte hingeben wollen. Die Tatsache, dass ich, als wir uns kennenlernten, jung und naiv und vollkommen unfähig gewesen war, die Tiefe meiner Hingabe zu zeigen, hatte diese Wahrheit nie schmälern können. Alle ein bis zwei Jahre unternahm ich einen verzweifelten Versuch, die Ehe zu retten, aber Linda schien mir den Verrat, den ich an ihr begangen hatte, nicht verzeihen zu wollen. Ich hatte es dennoch immer weiter versucht und ein Scheitern nie ganz akzeptiert, bis dieses tragische Ereignis allen meinen Träumen ein abruptes Ende bereitete.

In meinem Handy war ein Bild von Linda vor ihrer Wohnungstür gespeichert, das ich einige Jahre davor gemacht hatte. Ich schaute es mir an diesem Tag mehrmals an, als wäre es eine letzte Rettungsleine, die zurück in die Zeit führte, als alles noch möglich gewesen war. Lange Gespräche mit Freunden und Verwandten, die mich ihrer Liebe und Unterstützung versicherten, hatten die Handybatterie geleert, und das periodische Piepen wies mich warnend darauf hin, dass es, falls ich es nicht ausschaltete, bald von selbst ausgehen würde. Da mich das Geräusch zu nerven begann, zog ich das Handy aus der Tasche und drückte wie gewohnt auf die Austaste. Bisher hatte das immer ordnungsgemäß funktioniert und die verschiedenen Programme geschlossen, bevor das Display sich dann verdunkelte. Diesmal jedoch passierte etwas ganz anderes, etwas, das ich noch nie erlebt hatte, und ich erschrak.

Dieses eine, in meinem Handy gespeicherte Foto von Linda füllte das gesamte Display aus und fror so ein.

Egal was ich tat, welche Taste ich auch drückte, es verschwand nicht. Es blieb da, als hätte es mit den normalen Funktionsregeln nichts zu tun. Ich hielt den Atem an und sagte den Mädchen Bescheid. Zuerst dachten sie, ich machte mich über sie lustig, aber als sie meinen Gesichtsausdruck sahen, wussten sie, dass es stimmte. Sie kamen herbei, um sich selbst davon zu überzeugen. Heather brach schließlich das Schweigen.

»Oh Gott«, sagte sie mit tiefer Stimme. »Ich spüre etwas, was ich noch nie erlebt habe.« Wir schauten sie an. »Mir ist so, als würde jemand direkt hinter mir stehen, obwohl ich weiß, dass da keiner steht. Und ich weiß, dass sie es ist, denn es fühlt sich genauso an wie jedes Mal, wenn sie in der Nähe war. Sie ist hier und jetzt bei uns... Ich weiß es ganz genau. Ich kann fast ihre Hand auf meiner Schulter spüren.«

»Meinst du das ernst?«, fragte Angela, und endlich traten ihr die Tränen in die Augen. »Sag das nicht nur einfach so, wenn es nicht stimmt. Ich muss wissen, ob sie wirklich hier ist.«

»Ich spüre sie auch«, sagte Leslie. »Ich weiß, wie Linda sich anfühlt, und sie ist hier im Raum.«

Ich wusste, dass sie recht hatten, obwohl ich immer noch das Handy fixierte, das ein Eigenleben zu führen schien. Ich hatte sagen hören, dass Geister mitunter elektrische Objekte beeinflussen können, als bestünden sie aus mehr als nur physikalischen Atomen und Zellen. Während ich noch das Foto anstarrte, konnte ich Lindas

Präsenz förmlich greifen, als wollte sie uns sagen, sie sei noch hier, und wir sollten uns keine Sorgen um sie machen.

Angela schaute ins Leere und sagte mit zitternder Stimme: »Mama, wenn du hier bist, dann musst du mir jetzt zuhören. Du musst wissen: Ich liebe dich, und es tut mir so leid.« Als sie bebend auf den Boden sank, umarmten ihre Freundinnen sie fest. Die Elektrizität in der Luft schien noch weiter anzuwachsen, meine Haut kribbelte unter dieser unsichtbaren Kraft. Ich konnte meine Augen nicht vom Handy losreißen, bis plötzlich, als wäre der Bann mit einem Mal gebrochen, die Batterie erstarb und das Display dunkel wurde.

»Es tut mir so leid«, wiederholte Angela mit erstickter Stimme.

Kapitel 5

Wir mussten Chicago, so schnell es ging, wieder verlassen. Die Totenwache, die Trauerfeier und die beinahe täglichen Begegnungen mit der Polizei forderten inzwischen ihren Tribut von uns, und ich wusste nicht, wie lange Angela noch durchhalten würde. Seit dem Morgen, an dem meine Eltern mit ernstem Gesicht zu mir ins Schlafzimmer gekommen waren, war eine Woche vergangen, und alles hatte sich seither verändert. Ich hatte unsere Tochter aufwecken und ihr mitteilen müssen, dass sie ihre Mutter nie mehr wiedersehen würde, ich hatte – irgendwo zwischen Vergangenheit und Gegenwart angesiedelt – die Rolle des Ex-Ehemannes zu spielen gehabt, den einzigen, der von dem Verlust nicht so betroffen sein konnte. Wie hätte irgendjemand ahnen sollen, dass mir mit Lindas Leben zugleich mein eigenes abhandengekommen war? Es war nicht der Verlust einer Ex-Ehefrau – ich hatte die Frau verloren, die ich seit über zwanzig Jahren liebte. Und zugleich war mir die Zukunft aus den Händen gerissen worden, die Aussicht auf die Verwirklichung meines Traumes, darauf, dass wir eines Tages endlich wieder vereint wären. All das war nun vorbei, und ich hielt es nicht länger aus, mich in der Stadt aufzuhalten, die uns Linda fortgenommen hatte.

Die Polizei hatte uns nur das Nötigste mitgeteilt, um nicht, wie es hieß, mit der Herausgabe zu vieler Details die Ermittlungen zu behindern. Wir wussten nur, dass beobachtet worden war, wie zwei Männer aus der Wohnung, die Linda und Angela bewohnten, herausgerannt waren, und dass die Polizei, per Notruf 911 verständigt, Linda in Angelas Schlafzimmer gefunden hatte. Es gab keinen Einbruch, keinerlei Anzeichen sexueller Gewalt, und nichts im Haus schien zu fehlen. Es war ein Rätsel, und in vorläufigen Berichten hieß es, man werde wohl kaum kriminaltechnische Beweise finden. Ein spezielles Einsatzkommando, das bislang noch jeden Mörder gefunden hatte, war mit dem Fall beauftragt worden, aber auch nach einer Woche gab es kaum Grund zu Optimismus. Man hatte weder ein offensichtliches Motiv noch irgendeine Verbindung zwischen dem Mord und Leuten aus Lindas oder Angelas Bekanntenkreis gefunden. Als die Ermittlungen nach bereits einer Woche an einem toten Punkt angelangt zu sein schienen, wollte ich mich diesem Wirbelsturm nicht länger aussetzen. Daher beschlossen wir abzureisen.

Um nicht nach Oregon zurückzufliegen und uns damit sofort vor die unvorstellbare Aufgabe zu stellen, wieder in unser normales Leben eintauchen zu müssen, kaufte ich kurzerhand einen gebrauchten BMW. Ich brauchte ohnehin einen neuen Wagen, und dies schien eine gute Möglichkeit, den Druck abzubauen, uns abzureagieren und zu entspannen. In Wahrheit konnte nichts je wieder normal werden, und das wussten wir. Egal, welche Abenteuer uns in Zukunft begegnen mochten – unser Leben würde für immer von dem Bewusstsein durchzogen sein, dass Linda keines mehr mit uns teilen würde. Sie würde nicht nach Oregon ziehen, wie wir besprochen hatten; Linda und ich würden nie mehr zusammenkommen; und Angela hatte ihre Mutter verloren. Es gab keinen Silberstreifen am Horizont hinter der dunklen Wolke, die über unseren Köpfen hing, und wir wussten, dass wir ihr, egal, ob wir mit dem Auto fuhren, den Zug oder das Flugzeug nach Oregon nahmen, nicht entrinnen konnten.

Während sich Angela von ihren Freundinnen verabschiedete, packte ich das Auto und versuchte, so viel wie möglich von Angelas Habe unterzubringen und trotzdem noch Platz für mich und zwei Mitfahrer zu behalten. Ich war froh, dass Heather mit uns reisen würde. Als das Gepäck endlich untergebracht war, machte ich mich daran, den letzten und wichtigsten Gegenstand – Lindas Asche – an dem sichersten Platz zu verstauen, den ich finden konnte. Die Plastikurne steckte in einer braunen Box, die für die Reise versiegelt war, aber ich spürte, wie Lindas Energie trotzdem zu mir durchdrang und mir die Arme hinaufkroch. Als ich die Augen schloss, war mir, als wäre sie da und versuche, mir etwas Entscheidendes mitzuteilen. Ich hielt die Augen geschlossen und horchte, in der Hoffnung, ich könnte die Botschaft – oder was auch immer sie mir vermitteln wollte – aufnehmen. Dann fühlte ich, wie mir eine leichte Brise übers Gesicht strich, und damit löste sich die Energie auf. Ich wartete ein paar Sekunden ab, um zu sehen, ob das Gefühl wiederkehren würde oder ob ich mir das Ganze nur eingebildet hatte. Dann kümmerte ich mich weiter ums Packen und steckte die Box sicher und fest zwischen zwei Koffer.

Angela, Heather und ich verließen Chicago spätabends am 5. Dezember, am Vorabend zu Angelas zwanzigstem Geburtstag. Im Kofferraum lagen die Geschenke, die Linda in ihrem Schrank im Schlafzimmer versteckt gehalten hatte und die Angela nun von einer nicht mehr vorhandenen Mutter bekommen sollte. Kurz nach Mitternacht fanden wir ein Hotel und bereiteten uns auf den Moment vor, vor dem ich mehr Angst hatte als vor Lindas Totenwache, ihrer Trauerfeier und mehr als vor dem Nachmittag, an dem ich ihre Wohnung betreten und die Blutflecken auf dem Boden gesehen hatte. Angela und Heather schienen einen Weg gefunden zu haben, die schreckliche Wirklichkeit eine Armlänge von sich entfernt zu halten. Sie zeigten keins der Gefühle, die sie mit Sicherheit innerlich zerrissen. Ein Päckchen enthielt eine preiswerte Videokamera, ein weiteres ein paar Klamotten, die nicht besonders gut zu Angelas sich ständig wandelndem Stil zu passen schienen. Außerdem war da eine Karte, in vertrauter Handschrift geschrieben, mit den runden, offenen Buchstaben, die Lindas großem Herz entsprachen. Angela las die Worte laut und mit demselben Ausdruck vor, den sie verwendet hätte, wenn sie die Karte in Oregon erhalten hätte und Linda heil und gesund in Evanston wäre.

»Süße... Ich kann nicht glauben, dass es jetzt schon zwanzig Jahre her ist, seit Du zur Welt gekommen bist. Ich bin so stolz auf Dich, und ich möchte, dass Du weißt, wie sehr ich Dich liebe und wie glücklich ich darüber bin, zu was für einer jungen Frau Du geworden bist. Und doch wirst Du, egal, was passiert, immer mein kleines Mädchen sein, das darfst du nicht vergessen. Ich werde immer für Dich da sein. Mom.«

Diese letzten Worte fielen wie Bleigewichte und doch geräuschlos auf den Boden, ihre kalte Stille ergriff Besitz von uns. Hätte ich die Karte doch nur vor ihr gelesen, dann hätte ich sie verstecken können, und sie hätte diesen letzten Satz nie gelesen. Linda würde ihr Versprechen nicht halten können, auch wenn es nicht ihr Fehler war. Zwei namenlose Männer mit Kapuzen über den Gesichtern hatten ihr Jahrzehnte ihres Lebens gestohlen, Jahre voller Versprechen und Hoffnung, und nun stand ihre Tochter in einem kleinen Hotelzimmer mit der Karte in der Hand, die ihre Mutter wenige Tage vorher als Geburtstagsgeschenk zur Feier ihres zwanzigsten Lebensjahres geschrieben hatte. Linda würde nicht immer für sie da sein, und keiner von uns konnte auch nur das Geringste an dieser furchtbaren Tatsache ändern.

Nach drei Tagen Fahrt waren wir fast zu Hause. Wir hatten die Rocky Mountains durchquert und kamen Oregon mit jedem Kilometer näher. Wenn wir bis Sacramento auf der Autobahn I-80 blieben und dann auf der I-50 nach Oregon hineinführen, würde es noch anderthalb Tage dauern. Unsere Nerven lagen langsam blank, und die Mädchen wurden immer unruhiger. Sollte es einen Weg geben, die Reise zu beschleunigen, war ich bereit, ihn in Erwägung zu ziehen.

»Es gibt eine Landstraße, die bei einem kleinen Ort in Nevada, der Winnemucca heißt, von der Autobahn abgeht und eine ganz schöne Abkürzung bedeuten würde«, sagte Heather, während sie die Landkarte studierte. »Vielleicht könnten wir, wenn wir den Highway 140 nehmen, bis heute Abend in Ashland sein.«

Ich saß am Steuer und konnte deshalb nicht selbst auf die Landkarte schauen, aber kleinere Straßen, die über steile Gebirgsketten führen, klingen nicht nach einer guten Wahl, erst recht nicht im Dezember.

»Ich weiß nicht, ob das eine gute Idee ist, Heather. Die Straße könnte sogar gesperrt sein. Gibt es irgendwelche Orte an der Straße?«

»Zwischen Winnemucca und Lakeview… ehrlich gesagt, nein.« Heather überschlug, wie viele Kilometer wir ohne Tankstellen und Hotels würden zurücklegen müssen. »Bis Lakeview sind es, glaube ich, gut dreihundert Kilometer. Ich schlage vor, dass wir irgendwo anhalten und fragen, in welchem Zustand die Straße ist. Falls alles in Ordnung ist, wäre ich dafür, dass wir sie nehmen.«

»Finde ich auch«, sagte Angela. Sie saßen beide auf dem Rücksitz und wirkten sehr entschieden. »Ich halte das hier im Auto nicht mehr aus. Wenn wir es dann heute noch bis nach Hause schaffen können, sollten wir sie nehmen.«

In Winnemucca hielt ich an einer Tankstelle, um zu fragen, ob der Highway 140 offen war. Außerdem wollte ich sichergehen, dass kein Schneesturm bevorstand. Ein Schneesturm oben auf einem Bergpass – das war so ungefähr das Letzte, was ich mir wünschte. Alle Informationen, die ich bekam, legten nahe, dass die Straße sicher und kein schlechtes Wetter in Sicht war. Entgegen meinem Instinkt, der mir heftig zu verstehen gab, dass ich dabei war, die falsche Wahl zu treffen, entschieden wir uns für die Abkürzung.

Die ersten hundertzwanzig Kilometer lief alles glatt. Der Straßenbelag war trocken, es gab nicht viel Verkehr, und dass uns vereinzelte LKW entgegenkamen, zeigte mir, dass die Straße in beiden Richtungen frei war. Dann erreichten wir die Gegend, die mir am meisten Sorge gemacht hatte: ein Stück Gebirge, an das sich die Straße direkt anschmiegte und das wenig Platz für Fehler ließ. Ich war überrascht, als ich sah, dass es keine Leitplanken gab, die ein Auto davon hätten abhalten können, in den Abgrund zu stürzen. Zumindest spielte jedoch das Wetter noch mit.

Dann kam alles anders.

Zuerst schneite es nur leicht, gerade genug, um mich nervös zu machen, dann aber wurde innerhalb weniger Minuten ein Schneesturm daraus. Die Scheibenwischer liefen in Höchstgeschwindigkeit, waren jedoch den riesigen Schneeflocken, die sich auf der Windschutzscheibe ansammelten, nicht gewachsen. Weder Angela noch Heather schienen sich des Ernstes der Lage bewusst. Sie unterhielten sich hinten, während meine Hände am Steuerrad klebten und ich die Augen so weit offen hielt wie nur irgend möglich. Ich fuhr höchstens dreißig Stundenkilometer, und in den seltenen Momenten, in denen uns ein LKW entgegenkam, machte ich mich auf das Schlimmste gefasst. Erst als ich den Mädchen sagte, sie sollten still sein, merkten sie, dass irgendetwas nicht stimmte.

»Warum bist du so gestresst?«, fragte Angela. »Du bist doch schon x-mal bei Schnee gefahren.«

»Aber nicht am Rand eines Abgrunds«, antwortete ich, ohne den Blick von der Windschutzscheibe zu nehmen. »Ich weiß nicht, ob Ihr schon bemerkt habt, dass es auf der anderen Straßenseite keine Leitplanken gibt.

Wir brauchen nur einen Meter zu rutschen, und schon stürzen wir ab. Ich werde nicht zulassen, dass sich noch eine Tragödie ereignet.«

Ab dem Augenblick herrschte Schweigen im Auto. Angela und Heather hatten begriffen, welche Folgen unsere Entscheidung, die Autobahn zu verlassen, haben konnte. An ein Umkehren war ebenfalls nicht zu denken. Das Schneetreiben wurde mit jeder Minute dichter, während uns jetzt gar keine Autos oder LKW mehr entgegenkamen. War die Straße vor uns etwa gesperrt, und wurde es womöglich noch schlimmer, je weiter wir fuhren? Ich wusste, dass meine Möglichkeiten begrenzt waren. Wenn ich an der schmalen Straße anhielt, würde uns ein kommendes Fahrzeug vielleicht nicht rechtzeitig sehen und anfahren. Es schien auch keinerlei Abzweigungen oder Abfahrten zu geben, und Lakeview lag mindestens noch achtzig Kilometer entfernt. Ich hatte keine Wahl: Ich würde so langsam wie möglich weiterfahren.

Da passierte es. Und zwar etwas, das einem auf jeder Landstraße passieren kann. Ein Kaninchen schoss von der anderen Spur direkt ins Licht meiner Scheinwerfer hinein, und instinktiv schwenkte ich leicht nach links aus. Es ging so schnell, dass ich das Risiko, das ich gerade eingegangen war, nicht mit dem Verstand hätte analysieren können. Wäre die Straße trocken gewesen, hätte das nichts weiter ausgemacht, wegen des Schnees und des glatten Untergrundes jedoch rutschte der Wagen weiter, anstatt wieder nach rechts hinüberzuziehen. Da ich wusste, dass eine Betätigung der Bremse verhängnisvoll gewesen wäre, versuchte ich, wieder auf die Fahrbahn zurückzusteuern, auf die wir gehörten. Ich habe gehört, dass sich, wenn man mit einer bevorstehenden Katastrophe konfrontiert ist, die Zeit verlangsamt. Jetzt stellte ich zum ersten Mal fest, dass diese Geschichten stimmen. Es kam nun einzig und allein darauf an, den Abgrund zu vermeiden, dem wir uns schnell und mit wenigen Rettungsaussichten näherten. Meine einzige Chance bestand darin, zu bremsen und zu beten, dass uns die reduzierte Geschwindigkeit retten könnte. Die Mädchen machten die Augen zu, sie ahnten, was los war, und einen Moment lang war ich mir der Ironie des Schicksals bewusst. Wir waren kurz davor zu sterben und uns Linda anzuschließen, und das Einzige, was ich jetzt noch tun konnte, war abwarten und hoffen.

Als der Wagen endlich zum Stillstand kam, spürte ich, wie das linke Vorderrad über dem lockeren Schotter zitterte, der ins Leere und in den sicheren Tod führte. Wir hielten den Atem an in der Hoffnung, dass dies helfen könnte, bis ich, ohne nachzudenken, in Sekundenschnelle den Rückwärtsgang einschaltete und wieder sicheren Boden unter den Rädern fand. Wir waren allein auf der schneebedeckten Straße. Mit erstaunlicher Klarheit begriffen wir, wie nahe wir dem Tod gewesen waren. Ich weiß nicht, wie lange wir dort standen. Auf alle Fälle lange genug für mich, um jedes Detail der Straße, des Abgrundes und der schrecklichen Angst, die ich gehabt hatte, aufnehmen zu können und mich zu fragen, ob wir Oregon je erreichen würden.

Kapitel 6

Einen Monat nach Lindas Tod wurde bei Neale in Ashland der Geburtstag seines Sohnes gefeiert. Viele unserer Freunde waren im Wohnzimmer versammelt und unterhielten sich in kleinen Grüppchen wie sonst auch. Obwohl ich mich, so gut es ging, zusammenriss und mit den anderen lachte und feierte, lag Lindas Tod wie eine erdrückende Last auf mir, und schließlich flüchtete ich mich in den Keller, um ein paar Minuten allein zu sein. Neale musste mich gesehen haben, denn eine Minute später kam er nach.

»Wie geht's dir, Kumpel?«, fragte er leise. »Denk nicht, dass du hierbleiben und so tun musst, als wäre alles in Ordnung. Alle wissen, was du gerade durchmachst, und würden verstehen, wenn du dazu noch nicht in der Lage bist.«

»Es ist schon gut«, sagte ich und setzte mich auf die Couch. »Ich wollte nur einen Moment allein sein und mich sammeln. Es ist ein bisschen überwältigend, und zugleich ist das hier meine Familie. Ich werde meinen

Schmerz nicht heilen können, wenn ich mich zu Hause verstecke.«

»Und deine Familie versteht dich«, sagte er und setzte sich neben mich. »Jeder ist für dich da, wenn du irgendwie Hilfe brauchst, um damit fertig zu werden.«

Irgendetwas an der Art, wie er die Worte »damit fertigzuwerden« sagte, löste eine seltsame Reaktion bei mir aus. Erst jetzt wurde mir bewusst, dass ich überhaupt nie damit fertigwerden wollte. Es fühlte sich so an, als wäre die Trauer mein Bindeglied zu Linda, als würde mich die Intensität dieses Gefühls mit dem Ort verbinden, an dem sie jetzt existierte und lebte. Wer würde ich sein, wenn ich nicht länger traurig war oder wenn sich die Macht des Verlustes aus meinem Gedächtnis zurückzog?

»Das weiß ich zu schätzen«, sagte ich schließlich zu ihm. »Aber das gehört nicht zu den Dingen, mit denen du irgendwann wirklich fertigwirst.«

Neale lehnte sich vor und schaute mir in die Augen. Ich war lange genug mit ihm befreundet, um zu wissen, dass er jetzt irgendetwas Wichtiges sagen würde, etwas, das mich wahrscheinlich auf eine mir zunächst unverständliche Weise beeinflussen würde. Ich wappnete mich für den Schlag.

»Das stimmt«, sagte er. »Du wirst nie damit fertigwerden, aber der Tag wird kommen, an dem es nicht mehr *über dir* hängt. Das ist wie in Oregon im Winter… Es sind fast immer Wolken da, und du spürst ihre beklemmende Last, selbst wenn du nicht an sie denkst. Dann ziehen die Wolken eines Tages ab, und alles ändert sich. Du erinnerst dich an den Winter und kannst sogar die Gefühle heraufbeschwören, wenn du willst, aber du spürst sie nicht mehr auf dieselbe Weise. Vielleicht dauert es eine Weile, aber eines Tages wirst du, wenn du gar nicht mehr daran denkst, feststellen, dass die Wolken fort sind, und dann wirst du wissen, was ich meine.«

Drei Jahre später kam dieser Tag tatsächlich. Bis dahin hatte Lindas Tod wie eine dunkle Wolke über meinem Leben gehangen, die mich, selbst wenn ich mir dessen nicht bewusst war, niederdrückte. Ich vermisste sie noch immer und wünschte, sie wäre da, aber die Traurigkeit hatte sich plötzlich verschoben. Wenn ich mich stark genug darauf fokussierte und Bilder von Linda in mir heraufbeschwor, konnte ich die altbekannten Gefühle herbeirufen, andernfalls aber stand an ihrer Stelle jetzt eine dumpfe Leere, die ich als Teil meines Seins akzeptierte. Ich stellte fest, dass ich traurig darüber war, nicht länger traurig zu sein. Die Traurigkeit hatte mir einen seltsamen Trost gespendet, als brächte sie mich Linda näher oder als würde ich sie nicht ehren, wenn ich mich in Wahrheit erlöst fühlte. Ich wollte traurig sein, und als ich merkte, dass ich es nicht war, kam es mir so vor, als hätte ich einen Freund verloren.

Die Ermittlungen zu Lindas Ermordung waren, soweit wir wussten, kein Stück vorangekommen. Krimiserien wie *CSI* vermitteln uns, dass sich kriminaltechnische Ergebnisse sozusagen sofort einstellen und innerhalb von höchstens einer Stunde zur Festnahme des Tatverdächtigen führen. Diese Illusion hätte von der Wahrheit nicht weiter entfernt sein können. Obwohl die Detektive immer noch genauso zugeknöpft wie immer waren, wenn es um Details zu dem Fall ging, stellte ich fest, dass es sechs Monate dauerte, bis die Laborergebnisse vorlagen, und selbst die waren begrenzt und im Wesentlichen uneindeutig. Ausführliche Befragungen aller Leute, die auch nur im Entferntesten in Verbindung zu Lindas Leben standen, führten zu keinerlei Anhaltspunkten, und soweit es sich beurteilen ließ, fiel der Fall immer weiter zurück auf der Liste der noch offenen Ermittlungen.

Dann änderte sich die Lage mit einem Mal grundlegend.

Ich leitete gerade ein Retreat in North Carolina, als ich hörte, dass sich eine neue Spur ergeben hätte, die die Polizei hoffen ließ, den Fall endlich lösen zu können. Ich erfuhr beinahe zufällig durch eine E-Mail von Lindas Freundin Gina davon, die sich am meisten für eine Aufklärung des Mordes eingesetzt hatte. Sie hatte die Polizei kontinuierlich bedrängt, durch sie wussten wir mehr Details, als es die Polizei wollte, und die vielen Gebetswachen, die Gina über die Jahre in Lindas Wohnung mit organisiert hatte, hatten dazu beigetragen, die Hoffnung am Leben zu erhalten. Als ich nach dem Mittagessen meine E-Mails checkte, fand ich einen Brief in meiner Mailbox, den sie mir weitergeleitet hatte und in dem es um irgendwelche Leute ging, die versuchten, Lindas Geschichte in die Fernsehsendung *America's Most Wanted*[1] zu bekommen. Anfänglich war ich von der Idee nicht sonderlich angetan, aber als ich weiterlas, sprang mir etwas ins Auge.

»Detektiv Glue meint, dass das keine gute Idee ist, da ja schon jemand gestanden hat und er die neuen Ermittlungen nicht gefährden will.«

Gestanden? Das in diesem Zusammenhang zu lesen, war wie ein Schlag in die Magengrube. Wieso hatte uns niemand gesagt, dass es eine neue Spur gab... und noch dazu, dass jemand den Mord tatsächlich gestanden hatte? Als ich die Reihe der E-Mails durchging, erfuhr ich noch ein bisschen mehr. Anscheinend gab es da einen Mann, der sich entschieden hatte auszupacken und gestanden hatte, vor drei Jahren eine junge Frau in Evanston getötet zu haben. Er befand sich jetzt in Sicherheitsgewahrsam in einem Gefängnis bei Chicago, und alles, was er sagte, passte zu den Details von Lindas Ermordung, so dass man der Auffassung war, einen der beiden Mörder vor sich zu haben. Die Tatsache, dass er schon wegen zumindest eines weiteren Mordes verurteilt war, bedeutete, dass sie sich die Zeit zu weiterer Beweisaufnahme nehmen konnten, bevor sie Anzeige erstatteten. In anderen Worten: Wozu die Eile, wenn er ohnehin nir-

1 *vergleichbar mit: Aktenzeichen XY ... ungelöst; Anm. d.Übers.*

gendwohin konnte? Besser war es doch, alles unter Kontrolle zu haben und einen sicheren Prozess zu führen, als zu schnell zu handeln und damit ein Scheitern zu riskieren.

Aber warum hatte niemand mich – oder noch wichtiger – Angela informiert? Sie fing gerade langsam an, sich von dem gewaltsamen Verlust ihrer Mutter zu erholen, und war vor kurzem zur Chefin vom Dienst in dem *LA Fitness Health Club* befördert worden, in dem sie arbeitete. Sogar *ich* fragte mich jetzt, ob es eine gute Idee wäre, ihr Bescheid zu sagen, bevor eine formale Anklage ausgesprochen war. Wenn es sich doch nur um eine weitere falsche Spur und einfach um einen narzisstischen Kriminellen handelte, der Aufmerksamkeit erregen und ein paar Sandwiches umsonst haben wollte? Anhand meiner eigenen Reaktion auf die Nachricht bekam ich eine Ahnung davon, dass es weiser sein könnte, davon bis auf weiteres Abstand zu nehmen. In mir kochten jetzt alle Gefühle wieder hoch, die sich gerade erst ein wenig beruhigt hatten, und mit einem Mal schwamm ich wieder, umringt von dunklen Schatten, mitten in hoher See.

Das Retreat in diesem emotionalen Zustand zu leiten, war fast unmöglich. Ich hatte keine Wahl: Ich musste den Teilnehmern mitteilen, was los war, und so kam es schließlich dazu, dass sie mich enorm unterstützten. Unter ihnen waren Menschen, die vor kurzem einen Angehörigen verloren hatten, so dass wir die Emotionen als

Hilfe für eine Heilung auf tiefen Ebenen nutzen konnten. Damit erwies sich das Ganze als ein Geschenk, was jedoch die Tatsache nicht schmälerte, dass ich wieder dort angekommen war, wo ich angefangen hatte. Die Trauer, die ich geheilt geglaubt hatte, war nun wieder da.

Die auf Ginas E-Mail folgende Nacht war die schwerste seit jener ersten Woche. In den seltenen Augenblicken, in denen ich wegdämmerte, war mein Kopf voller Träume über Schneestürme und Abgründe, Terror und Tod. Als ich am nächsten Morgen aufwachte, versuchte ich die Bilder abzuschütteln, aber sie waren hartnäckiger als gedacht. Ich konnte förmlich spüren, wie unser Wagen hilflos zum Rand des Abgrunds schlitterte, um dann tief ins Tal zu stürzen. Es war wie ein Wachtraum, der von meinem Verstand Besitz ergriff, wann immer ich innehielt oder mich entspannte. In einem Traum blieb der Wagen wippend am Rand stehen, wir konnten zurückstoßen und uns in Sicherheit bringen. In einem anderen starben wir drei, weil das Auto in den Abgrund stürzte. Ich erzählte niemandem von diesen Visionen, denn ich begann, mir Sorgen um mich zu machen. Waren sie das Ergebnis des Stresses, den ich erlebte, oder war es etwas Tieferes, womöglich gar der Beginn einer Bewusstseinsspaltung, die ich bislang noch knapp abgewandt hatte, die aber nun plötzlich unmittelbar bevorstand?

Nach dem Retreat flüchtete ich mich nach Hause und versuchte, wieder in die Normalität zurückzukehren.

Meine Sorge über das Verschwinden der Traurigkeit war kein Thema mehr, da sie nun wieder so stark war wie zuvor. Die andere Frage war, wie und wann ich Angela informieren sollte. Ein Teil von mir wollte es sie erst wissen lassen, sobald die Polizei sicher war, dass sie den richtigen Mann hatten. Zugleich wollte ich sichergehen, dass sie die Nachricht erfuhr, solange sie noch Zeit hatte, diese neue Entwicklung zu verarbeiten. Mir war klar, dass sie für die drohende Trauer genauso Raum brauchen würde wie ich, was angesichts ihrer neuen Stellung und des Stresses von fünfzig oder mehr Arbeitsstunden pro Woche schwierig sein würde. Ich beschloss, am Montagabend mit ihr essen zu gehen. Da sie zwei freie Tage vor sich hatte, würde ich die Gelegenheit voraussichtlich nutzen.

Wir saßen im Patio eines lokalen Restaurants, hatten gerade unser erstes Glas ausgetrunken und warteten auf unsere Vorspeisen. Ich ergriff die Gelegenheit beim Schopf, stellte mein Weinglas ab und beugte mich zu ihr vor.

»Da gibt es etwas, das ich dir sagen muss. Ich habe es selber vor einer Woche erfahren«, sagte ich. »Es war nicht leicht für mich, und für dich wird es das auch nicht sein.« Nervös griff ich wieder nach meinem Glas und nahm einen Schluck Wein, bevor ich fortfuhr. »Es scheint, als hätte jemand den Mord an deiner Mom gestanden. Er ist noch nicht angeklagt, weil sie erst sichergehen wollen, dass sie genug Beweise haben, um ihn zu verurteilen.

Das Gute ist, dass er schon im Gefängnis sitzt. Sie wissen also, wo sie ihn finden können. Er kann nicht verschwinden.«

Ihr Blick war plötzlich schwer und verhangen. »Wann ist das passiert?«, fragte sie, bemüht, sich den Schock nicht anmerken zu lassen.

»Ich weiß es nicht«, sagte ich ihr. »Es könnte schon eine Weile her sein, ich hab aber erst jetzt davon gehört. Ich habe nie gedacht, dass sie mir viel sagen würden, aber ich wundere mich, dass sie *dich* nicht informiert haben. Ich hab es durch eine E-Mail von Gina erfahren, in der die Sache nur oberflächlich erwähnt wurde.«

»Gina hat es gewusst, und mir wurde nichts mitgeteilt?«, fragte sie noch erregter. »Der Kommissar hat mir versichert, er würde mir über alles, was geschieht, Bescheid geben, selbst wenn es schlechte Nachrichten wären. Ich bin wirklich wütend, dass sie mir das verheimlicht haben.«

»Sie haben es getan, um dich zu schonen, solange sie nicht sicher wissen, dass sie den richtigen Mann haben. Es gibt da ein paar Details zu dem Fall, die die Polizei niemandem gesagt hat und die nur die Mörder kennen. Sollte dieser Mann sie nennen, dann wäre es vorbei. Aber er hat das noch nicht getan. Mir wurde gesagt, er hätte andere Dinge zugegeben, denen die Ermittler entnehmen, dass er die Wahrheit sagt, aber sie wollen nicht riskieren, dass er seine Aussage widerruft, solange sie keine Beweise haben.«

»Das ist mir egal«, sagte sie, während ihr die Tränen die Wangen hinunterliefen. »Sie hätten mir trotzdem Bescheid sagen müssen. Ich habe das Recht, es zu wissen.«

»Auf jeden Fall. Deshalb sage ich es dir jetzt. Ich wusste, dass es hart sein würde, weil es mir so wehgetan hat, als ich es erfuhr. Die ganzen Gefühle, von denen ich dachte, dass sie geheilt wären, sind dadurch wieder hochgekommen. Aber zumindest gibt es Bewegung ... endlich. Ich dachte schon, dass der Fall nie gelöst würde.«

»Wo ist der andere?«, fragte sie. »Da waren zwei Männer.«

»Er hat anscheinend zugegeben, dass er einen Komplizen hatte, hat ihn aber noch nicht verraten. Wir können nur hoffen.«

»Ich habe keine Kraft mehr zu hoffen«, sagte Angela. »Ich will nicht mehr hoffen. Ich will nur, dass die Sache endlich ein Ende hat.«

Kapitel 7

Wir wollten alle, dass es vorbei wäre, und ich wollte, dass meine Träume über meine Fahrt in den Abgrund aufhörten. Sie brachten mich schier an den Rand des Wahnsinns, und ich wusste, dass ich etwas tun musste. Warum waren sie plötzlich und noch dazu so massiv aufgetaucht, dass ich nichts dagegen tun konnte? Angelas Wut darüber, dass man ihr nichts von dem Geständnis mitgeteilt hatte, war verständlich, meine Zwangsvorstellung über einen Unfall, der gar nicht geschehen war, nicht. Auf die eine oder andere Art musste ich eine Lösung finden.

Ich muss noch einmal zu dem Abgrund, dann kann ich die ganze Sache abschließen.

Der Gedanke schien aus dem Nichts zu kommen, und ich widerstand ihm etliche Tage, bevor ich ihn als echte Alternative zu betrachten begann. Was sollte eine Rückkehr an diesen Ort schon bewerkstelligen, außer mir zu zeigen, wie nah wir selbst dem Tod gekommen waren? Es gab eine Verbindung dorthin, die ich mit dem Verstand nicht erkennen konnte. Mir war, als stünden Lindas Tod und unser Fast-Unfall in irgendeinem Zusammenhang. Offensichtlich konnte ich diese Verbindung nicht über reines Nachgrübeln erkunden, und so stieg ich ins Auto, sagte keinem etwas von meiner Absicht und fuhr einfach los in dem Wissen, dass ich direkt auf den Kern von etwas zusteuerte, das ich nicht verstehen, aber auch gar nicht vermeiden konnte.

Was würde ich tun, wenn ich erst einmal angekommen wäre? Auf diese Frage hatte ich keine Antwort, und ich wusste, dass ich sie erst bekommen würde, wenn ich tatsächlich an diesem Abgrund stand und hinunterschaute. In zahlreichen Träumen sah ich mich genau in dieser Position, als würde da unten etwas auf mich warten. Ich sah mich dort auf der Fahrbahn stehen, wie ich mit einem tiefen Gefühl des Friedens und der Erfüllung nach unten blickte. Mir war völlig klar, dass ich nicht länger darüber nachdenken und warten durfte. Auf die eine oder andere Weise musste ich meine Gefühle klären, und das würde nur dort geschehen können.

Als ich zwei Tage später in Lakeview eintraf, suchte ich mir ein Hotel für die Nacht und entdeckte gleich das Budget Inn, in dem Angela, Heather und ich dreieinhalb Jahre davor eine Nacht verbracht hatten. Da ich ein Gewohnheitstier und vielleicht auch ein wenig abergläubisch bin, fuhr ich auf den Parkplatz und ging hinein. Im Büro sah ich die Silhouette eines breiten, muskulösen Mannes, der mir den Rücken zuwandte. Obwohl ich wusste, dass es nicht notwendig war, mich bemerkbar zu machen, räusperte ich mich. Der wuchtige Indianer, der sich mir später als Victor vorstellte, stand auf und wandte sich mir zu.

In dieser Nacht standen meine Träume ganz und gar im Zeichen des Themas. In verschiedenster Form und mitunter in seltsamen Zusammenhängen glitt ich dem Abgrund entgegen. In einem Traum war ich als zwölfjähriger Junge in meinem Elternhaus in New York. Meine Mutter brachte mich zur Schule, ließ mich aber trotz meines zarten Alters ans Steuer. Kaum hatten wir das Haus hinter uns gelassen, war ich wieder auf der schrecklichen Landstraße mit dem Schneesturm und dem selbstmörderischen Kaninchen. Meine Mutter schrie, als ich auf die Bremse trat, und wir glitten über den Straßenrand in den Tod. In einem anderen Traum war ich mit Linda und einer zweijährigen Angela irgendwo in einer Gegend unterwegs, die ich nicht wiedererkannte. Es schien die Wüste zu sein oder jedenfalls eine flache, trockene Landschaft. Hier stellte sich zwar kein Schneetreiben ein, aber ich verlor die Kontrolle über den Wagen und rutschte dem Rand des Grand Canyons entgegen. In diesem Traum überlebten wir zum Glück.

Als ich das Budget Inn früh am nächsten Morgen verließ, fragte ich mich, ob ich wohl Victor an der Rezeption sehen würde und – was noch wichtiger war – ob er mir meinen Plan, noch einmal zu der Unfallstelle zu fahren, versuchen würde auszureden. Ich konnte das Gefühl, beobachtet zu werden, als ich zu meinem Wagen ging, kaum abschütteln, als wisse jemand oder vielleicht der Abgrund selbst, dass ich auf dem Weg dorthin war. Als ich ins Büro ging, um den Schlüssel abzugeben, sah ich an der Rezeption eine kleine rothaarige Frau mittleren Alters. Sie lächelte mir entgegen.

»Guten Morgen… Sie geben Ihren Schlüssel ab?«

»Ja«, antwortete ich und schaute mich um. »Der Herr, der hier gestern Abend war, Victor… ist er zufällig irgendwo in der Nähe?«

»Tut mir leid, aber er ist gegangen, als ich um sechs Uhr kam. Aber warten Sie mal… Sie waren doch in Zimmer 23, nicht wahr? Er hat mich gebeten, Ihnen das hier zu geben, falls ich Sie sehen sollte.«

Sie hielt mir ein kleines, einmal gefaltetes Blatt Papier hin. Ich nahm es entgegen und ging ein paar Schritte auf die Tür zu, bevor ich es aufschlug. Seine Handschrift war ordentlich, die Buchstaben klein und rund, was mich angesichts der Größe seiner Hände überraschte. Ich holte tief Luft, bevor ich mich auf seine Botschaft einließ.

Wenn Sie diesen Brief bekommen, sind Sie wahrscheinlich schon auf dem Weg zur Landstraße. Das bedeutet, dass Sie meinen Rat, wieder umzukehren, nicht befolgt haben. Daher bitte ich Sie, wenigstens zu bedenken, was ich Ihnen jetzt sage.

Ich tue das nicht, um Ihnen Angst einzujagen, sondern nur, um Sie dazu zu ermuntern, Ihre Augen offen zu halten. Wenn Sie sich entscheiden, dorthin zu fahren, müssen Sie zweierlei beachten. Erstens: Manchmal ist das, was Sie mit den Augen sehen, nicht so, wie es scheint. Das gilt umso mehr für das Gebiet, in das Sie sich jetzt begeben. Zweitens: Sie werden, egal, was geschieht, in Sicherheit sein. Was ich damit meine? Das werden Sie selbst herausfinden müssen. Diese beiden Dinge, die ich Ihnen hier aufgeschrieben habe, dürfen Sie bitte auf keinen Fall vergessen. Victor

Ich schluckte schwer, faltete das Briefchen zusammen und steckte es in die Jackentasche.

»Gute Fahrt«, sagte die Frau hinter dem Thresen.

»Danke… Ich werde mein Bestes tun.«

Als ich die Autotür aufschloss, fiel mir ein Gespräch mit Neale ein, das wir direkt vor meiner Fahrt hierher vor ein paar Tagen geführt hatten. Er war der einzige Freund, dem ich meine Fixierung hatte anvertrauen mögen, denn er hatte mich von Anfang an begleitet, und seine Weisheit hatte mir schon in verschiedenster Hinsicht geholfen. Da ich die Reise von meinem neuen Zuhause in Portland aus startete, musste ich in Ashland anhalten und erst einmal bei ihm anrufen, um mich zu vergewissern, ob er da war.

»Es gibt mit Sicherheit einen Grund für diese Ahnungen«, sagte er, als wir bei ihm in der Küche saßen. »So was taucht nicht immer wieder auf, wenn es nicht etwas für uns zu lernen gibt oder irgendetwas damit in Verbindung steht.«

»Aber was könnte ich denn davon zu lernen haben?«, fragte ich ihn. »Wir sind fast gestorben, was eine ohnehin schon tragische Situation noch unendlich verschlimmert hätte. Vielleicht fühle ich mich von vornherein schuldig, weil ich die Entscheidung getroffen hatte, diese Straße einzuschlagen. Ich hätte es besser wissen müssen und auf der Autobahn bleiben sollen. Wenn ich bedenke, welchem Risiko ich uns ausgesetzt habe...«

»Das ist schon möglich, aber ich hab das Gefühl, dass es da noch was anderes gibt. Was stellt dieser Ort für dich dar?«

»Er hat mir gezeigt, wie leicht etwas passieren kann und wie schnell wir von einer simplen Autofahrt zu etwas übergehen können, das uns für immer verwandelt.«

»Das ist Linda passiert«, fuhr er fort. »Sie hatte noch zehn Minuten vorher keine Ahnung, was ihr passieren würde. Wahrscheinlich war sie gerade dabei, ihre Wohnung zu putzen oder ihre Kleider für die Arbeit am nächsten Tag bereitzulegen. Dass das Leben so ungewiss sein kann, hast du erfahren, als du fast in den Abgrund gefahren wärst.«

»Das ist alles richtig«, sagte ich. »Zugleich hab ich aber das Gefühl, dass da noch was anderes auf mich wartet. Es ist, als würde mich der Ort rufen, als müsste ich nochmal wegen irgendetwas dorthin.«

»Warum glaubst du das?«

»Ich hab keine Ahnung, aber ich fühle mich wie der Protagonist, den Richard Dreyfuss in Steven Spielbergs *Unheimliche Begegnung der dritten Art* spielt. Er war völlig besessen von dem Berg, zu dem ihn etwas rief. Vielleicht ruft mich etwas zu genau dem Bergpass, wo wir fast verunglückt wären. Was wäre, wenn dort irgendetwas geschehen soll?«

»Was könnte das sein?«

»Ich weiß es nicht, Neale, aber es will mir einfach nicht aus dem Kopf.«

»Dann fahr hin und schau, wohin es dich führt«, sagte er. »Ich denke, du solltest alles tun, was dir irgendwie dabei helfen kann, die Sache abzuschließen. Vielleicht klingt das jetzt härter als gewollt, aber seit Lindas Ermordung sind dreieinhalb Jahre vergangen. Meinst du nicht, dass sie es gern hätte, wenn du dich wieder deinem Leben widmen würdest?«

»Ich hab einfach das Gefühl, dass ich dazu nicht in der Lage sein werde, bevor ich nicht noch einmal dort gewesen bin. Irgendetwas wartet dort auf mich, entweder an dem Abgrund oder… keine Ahnung… Ich weiß nur, dass ich noch einmal dorthin muss. Vielleicht ist es ja danach erledigt.«

Die Zeit verging schnell während meiner Fahrt. Ich war fast erstaunt, wie bald ich das heimtückischste

Stück Straße nicht weit von der Stelle erreichte, die ich zweifellos finden würde. Die steilen Felsen mit ihren scharfen Riffen ragten zwischen den Wacholdersträuchern auf, die zu den robustesten der Gegend gehören. V-förmige Täler fielen tief von den Felsen hinab, und mir war klar, mit welcher Leichtigkeit man hier in die Tiefe stürzen konnte. Über ein Großteil der Strecke hat die Straße keine Leitplanken, so dass ein einziges Missgeschick fatal enden kann. Dies mitten in einem finsteren, alle Sicht nehmenden Schneesturm zu spüren, war die eine Sache, es nun bei Tageslicht zu sehen jedoch noch viel erschreckender. Die Höhen reichten von 1200 Metern bis zum höchsten Gipfel, dem Parrot Peak, mit 2560 Metern. Es war atemberaubend und gefährlich, und mir schien, dass ich mich geradewegs auf das Innerste eines dunklen Geheimnisses zubewegte.

Gegen drei Uhr nachmittags fand ich eine Stelle, die mir bekannt vorkam. Obwohl ich sie vor dreieinhalb Jahren nur in der Dunkelheit gesehen hatte, gab es einige Kennzeichen, die sich mir dauerhaft ins Gedächtnis eingebrannt hatten. Ich war ganz sicher, dass es, wenn ich alle drei vorfinden würde, die gesuchte Stelle sein musste. Das erste Kennzeichen war – von der anderen Richtung aus gesehen – eine scharfe Rechtskurve von 90 Grad. Als Nächstes erinnerte ich mich daran, einen knappen Kilometer, bevor uns das Kaninchen vors Auto gelaufen war, ein Schild gesehen zu haben, das einen schönen Aussichtspunkt ankündigte, und ich entdeckte einen Rastplatz, der dieser Beschreibung entsprach. Und schließlich gab es den Flecken selbst, mit seinem losen Schotter und dem steilen Abgrund, der nur wenige Zentimeter abseits der Straße lag. Ich war mir fast sicher, dass dies der richtige Ort war, und fuhr den Wagen an die Seite. Eine seltsame Spannung erfasste mich, als ich die Tür öffnete und ausstieg.

Ich fuhr seit anderthalb Jahren einen roten Toyota Prius, den ich nach dem Verkauf des BMW gekauft hatte. Ich sah mich um und war mir sicher: Alles passte. Dann trat ich an den Abgrund heran, um zu begutachten, wie tief wir gefallen wären, wenn wir nicht rechtzeitig hätten anhalten können. Es ging mindestens fünfundvierzig Meter senkrecht hinunter, zweifellos wären wir alle umgekommen. Zugleich war ich von dem Panorama mit den hohen Berggipfeln und der zerfurchten Landschaft in der Ferne überwältigt, von der ich bei meiner ersten Begegnung mit dem Ort nichts hatte erkennen können. Die Bäume verdichteten sich am Fuß des Felsens, und die Aussicht, dass man uns – wenn wir abgestürzt wären – gefunden hätte, schien äußerst gering.

Und da sah ich es plötzlich. Von der Straße aus ließ es sich nur schwer beurteilen, aber dennoch war ich mir sicher, dass da unten ein Auto unter den Bäumen versteckt lag, ein silberner Wagen, von derselben Farbe wie der, den ich damals gefahren hatte. Er lag auf der Seite, und von der Entfernung aus konnte ich sehen, dass er schrecklich demoliert war. Mein Blickwinkel machte es mir unmöglich, die Automarke oder das Modell zu erkennen. War es ein BMW? Ich konnte es nicht wissen, war mir aber doch relativ sicher. Wie hoch war die Wahrscheinlichkeit, dass ein weiterer silberner BMW an exakt derselben Stelle in den Abgrund gestürzt und ebenso vergessen von der Welt dort geblieben war, wie meiner es gewesen wäre? Ich spürte, wie sich mir die Nackenhaare sträubten, mir wurde leicht schwindelig. Ich riss mich zusammen und trat einen Schritt zurück.

Ich musste es genauer wissen. Zwar erinnerte ich mich an alles, was Victor zu mir gesagt hatte, aber nun war ich bis hierhergekommen, und das Rätsel hatte plötzlich eine unerwartete Wendung genommen. Ich ging zu meinem Prius und fuhr den knappen Kilometer bis zu dem Aussichtspunkt zurück. Dort ließ ich das Auto stehen, griff nach meiner Wasserflasche und lief wieder zu der Unglücksstelle. Es war ein warmer, sonniger Tag, und es würde noch etliche Stunden hell bleiben. Wenn es einen Pfad oder sonstigen einfachen Weg hinunter gab, würde ich den Wagen hoffentlich finden. Aus irgendeinem Grund hatte ich das Gefühl, dass ich, obwohl ich nicht wusste, was als Nächstes kommen würde, hier meine Suche starten musste.

Zehn Minuten später stand ich wieder an der vertrauten Stelle und begutachtete das Land darunter. Es gab weder eine Möglichkeit, direkt von dort, wo ich mich befand, hinunterzuklettern, noch einen erkennbaren

Weg in der Nähe. Ich lief noch etwa einen Kilometer die Straße hinunter, bis das Gefälle sanfter wurde und ich das Gefühl hatte, ich könnte es heil bis ins Tal hinunter schaffen. Es gab zwar nicht so viele Bäume, wie ich es mir gewünscht hätte, um mich abstützen zu können, aber die Mischung aus Rutschen und Stolpern schien zu funktionieren. Es dauerte mindestens eine Viertelstunde, bis ich unten war, dann begann ich mir den Weg dorthin zu bahnen, wo ich den Wagen gesehen zu haben glaubte.

Die Bäume wurden immer dichter, je weiter ich kam, so dass es mir schwerfiel zu beurteilen, ob ich die richtige Richtung eingeschlagen hatte. Auch die scharfen Felsen entpuppten sich als immer beachtlichere Gegner. Ein Ausrutscher, und ich riskierte eine ernsthafte Verletzung. Wenn das geschah, würde es lange dauern, bis mich jemand fand. Ich konnte schließlich hier sterben, dachte ich, und das würde ich nicht zulassen.

Dann sah ich es in der Ferne blitzen, die Sonne spiegelte sich auf einer Metallfläche. Als ich näher herankam, entdeckte ich das Autowrack und sah, dass es viel schlimmer demoliert war, als ich zuerst gedacht hatte. Ich kletterte über alle möglichen Trümmerteile und umgeknickte Baumstämme, die dem herabstürzenden Auto zum Opfer gefallen waren, bis ich schließlich daneben stand. Ich sah sofort, dass ich recht gehabt hatte. Obwohl nicht allzu viele Details zu erkennen waren, handelte es sich definitiv um einen silbernen BMW, und zwar um dasselbe Modell, das ich gefahren hatte. Mein Herz raste, als ich um ihn herumging, um nach dem Nummernschild zu schauen. Was erwartete ich: dass es wirklich mein Auto und ich in jener Nacht gestorben war? Erlebte ich gerade *The Sixth Sense* nach, in dem ein Mann entdeckt, dass er eigentlich tot ist und nur gedacht hat, er sei am Leben? Natürlich war die Vorstellung aberwitzig, aber ich hatte dennoch plötzlich Todesangst.

Die Nummernschilder waren verschwunden. Warum jemand so weit gehen und sie entfernen würde, lag jenseits meiner Vorstellungskraft, aber da ich auch kein Skelett im Wagen vorfand, gab es immerhin diese Möglichkeit. Eher wahrscheinlich war, dass eine Rettungsmannschaft die Leichen geborgen und die Nummernschilder mitgenommen, es jedoch zu aufwändig gefunden hatte, das Wrack bis zur Straße hochzuziehen. Wahrscheinlich hatten sie beschlossen, es dort zu lassen, da ja ohnehin kaum je von oben jemand über den Rand nach unten schauen würde und erst recht niemand so verrückt wäre, zu Fuß hierherzukommen. Wozu auch, es sei denn, sie selber wären an derselben Stelle und mit einer exakten Kopie meines Wagens ebenso um ein Haar verunglückt? Keiner würde so jemanden daran hindern können, alles zu riskieren, um zu begreifen, was geschehen war, und dabei den ohnehin unglaublichen Umständen doch nur weitere Rätsel hinzuzufügen.

Ich muss etwa eine Stunde dort gestanden und den Wagen angestarrt haben. Dann durchsuchte ich den Vordersitz und das Handschuhfach in der Erwartung, etwas zu finden, das mir gehörte. Jedoch ohne Erfolg. Danach suchte ich die Gegend ab nach irgendetwas, das mir sagen würde, es sei alles nur ein Zufall, ich solle nun endlich alles hinter mir lassen und nach Portland zurückfahren. Aber auch hier fand ich gar nichts. Nun stellte ich fest, dass die Sonne kurz davor war, hinter den Bergen in der Ferne zu verschwinden. Das Letzte, was ich wollte, war, mir meinen Weg zurück zur Straße im Dunkeln suchen zu müssen. Ich holte tief Luft und versuchte, mir einen Weg zurückzubahnen zu dem Ort, an dem der Aufstieg am sichersten war.

Ich suchte nach der Stelle, die ich heruntergeklettert war, weil ich wusste, dass alle anderen Optionen viel zu gefährlich waren. Nachdem ich fast einen Kilometer gelaufen war, stellte ich fest, dass ich mich immer weiter von dem Felsen entfernte, denn nahe seinem Fuß war der Boden sehr überwuchert gewesen. Das Risiko war zwar nicht sehr groß, aber ich beschloss, erst einmal meine Position zu bestimmen, indem ich die Hügel in der Ferne fokussierte, hinter denen die Sonne versank. Schließlich wollte ich mich ja wirklich nicht verirren und diesem seltsamen Ort ausgeliefert sein, an dem – Victors Worten zufolge – einem die Geister nicht besonders freundlich gesonnen waren.

Seit einer halben Stunde suchte ich schon – ein Zeitraum, in dem ich den Aufstieg zweifellos hätte finden müssen. Ich steckte zu tief im Wald, um die Hügel als Orientierung zur Hilfe nehmen zu können. Die Schatten wurden immer länger, und langsam stieg Angst in mir hoch. In der Nähe hörte ich Wasser rauschen und beschloss, mich daran zu halten. Wenn ich den Bach fand und seinem Verlauf in der Richtung folgte, in der ich die Straße wusste, würde er mich bestimmt in Sicherheit bringen. Theoretisch war die Idee gut, im Rückblick ergab sie jedoch nur wenig Sinn.

Ein paar Minuten später hatte ich den Bach gefunden und folgte ihm nach rechts in Richtung des Felsens und meiner endgültigen Erlösung von diesem lächerlichen Abenteuer. Aber was würde ich tun, wenn ich den Weg zurück zum Auto und die Straße nach Hause gefunden hätte? Wollte ich das Rätsel des BMW-Wracks am Fuß des Felsens überhaupt lösen, oder war es besser, das Ganze einfach hinter mir zu lassen? Dann fiel mir ein, dass ich die Fahrgestellnummer hätte notieren sollen, ein einfaches Stück Information, das das Dilemma gelöst hätte. Ich hätte am nächsten Tag einfach das Kraftfahrzeugamt anrufen und die Nummer mitteilen können, um zu meiner großen Erleichterung festzustellen, dass es sich bloß um einen Zufall handelte. Kurz überlegte ich, ob ich umkehren sollte, aber das Risiko, dass die Sonne in der Zwischenzeit untergehen würde, war zu groß. Es war besser weiterzugehen, den Weg ausfindig zu machen und zu meinem Auto zurückzukehren. Die Uhr tickte immer schneller.

Eine halbe Stunde später war ich meinem Ziel nicht einen Deut näher gekommen. Jetzt war es fast dunkel,

Panik stieg langsam in mir hoch. Zum Glück war es warm genug, so dass ich die Nacht heil überstehen würde. Ich redete mir gut zu, dass es am sichersten war, wenn ich mich entspannte und ein wenig ausruhte. Das war definitiv besser, als mich noch weiter zu verlaufen oder zu versuchen, im Dunkeln zur Straße hinaufzuklettern. Hätte ich gewusst, dass es so kommen würde, hätte ich eine Taschenlampe und geeignetere Kleidung mitgenommen. Zum Glück hatte ich genug Wasser, und sobald es wieder hell wäre, würde ich sicher den Weg zurück finden und etwas zu essen auftreiben. Ich nahm einen tiefen Atemzug, setzte mich und lehnte mich mit dem Rücken gegen einen großen Baumstamm. Solange ich nicht einem Berglöwen oder einem Rudel hungriger Kojoten begegnete, war alles in Ordnung. Nach einer Weile schloss ich die Augen.

Kapitel 8

Ein Geräusch schreckte mich aus meiner Ruhe auf, und ich setzte mich gerade hin. Schwere, entschlossene Schritte kamen auf mich zu. Ich spitzte die Ohren in die Richtung, aus der das Geräusch kam, um herauszufinden, ob ich mich entspannen konnte oder Angst haben musste. Einen Moment lang blieb alles still, dann waren die Schritte wieder zu hören. Da war jemand oder etwas, der oder das auf mich zukam, so viel war sicher. Wussten sie, dass ich hier war? War es besser, mich zu erkennen zu geben oder mich flach hinzulegen und zu hoffen, dass sie vorübergingen?

»Hallo, ist da jemand?«, fragte ich, nachdem ich mich zu Ersterem entschlossen hatte. Ich sah, wie eine Taschenlampe in meine Richtung gerichtet wurde, und hörte eine tiefe Männerstimme.

»Ja… Haben Sie sich verirrt, oder ruhen Sie sich nur aus?«

Der Klang der Stimme sagte mir, dass ich in Sicherheit war. Irgendetwas an seinem Tonfall und an der Energie, die von dem Mann ausging, vermittelte mir diesen Eindruck.

»Ich habe mich verirrt«, sagte ich und stand auf. »Gott sei Dank ist endlich jemand vorbeigekommen... Ich dachte schon, ich müsste die ganze Nacht hier verbringen.«

Ich sah die Silhouette eines großen Mannes, der aus einer dichten Baumgruppe hervortrat. Mit der Taschenlampe beleuchtete er den Boden vor sich. Er mochte 50 bis 55 Jahre alt sein, und obwohl es in der Dunkelheit und mit dem auf mich gerichteten Licht schwer auszumachen war, schien er eine starke Präsenz zu besitzen. »Wohin wollten Sie denn?«, fragte er. »Ich sehe, dass Sie nicht zum Zelten unterwegs waren. Sonst hätten Sie wahrscheinlich mehr als nur eine Wasserflasche bei sich.«

Ich warf einen Blick auf die Wasserflasche, die am Boden stand. »Nein, ich wollte nicht zelten. Eigentlich wollte ich zurück zur Straße, wo ich meinen Wagen stehen gelassen habe, aber ich muss die Richtung verfehlt haben.«

»Richtig. Die Straße liegt fast einen Kilometer von hier entfernt in dieser Richtung.« Er wies genau in die entgegengesetzte Richtung zu der, die ich eingeschlagen hatte. »Wenn Sie auf diesem Weg weitergelaufen wären, hätten Sie sich nie zurechtgefunden. Je tiefer man in den Wald hineingerät, desto haariger wird die Angelegenheit...«

»Dann bin ich dankbar, dass Sie vorbeigekommen sind und mich gerettet haben. Ich heiße Jimmy.« Als er nah genug bei mir stand, hielt ich ihm die Hand hin. Obgleich es die Dunkelheit nicht erlaubte, allzu viele Details zu sehen, konnte ich in seinem Gesicht tiefe Furchen ausmachen, wie sie jemanden auszeichnen, der an eine solche Wildnis gewöhnt ist. Zugleich jedoch wunderte ich mich, was er überhaupt hier machte. Vielleicht war er einfach im Wald spazieren gegangen wie ich, wobei er das Gelände offensichtlich viel besser kannte. Ich zog die Möglichkeit in Betracht, dass er hier wohnte, obwohl ich keinerlei Anzeichen von Häusern oder Straßen, die von der Hauptstraße abzweigten, gesehen hatte und die steile Lage diese Variante eher ausschloss. Die Antworten würden sicher nicht von selbst kommen, ich konnte nur abwarten, wohin mich diese neue Entwicklung führen würde.

»Ich bin Richard«, sagte er und reichte mir seinerseits die Hand hin. »Ich wohne ein Stück weiter bachabwärts. Ich hatte so ein Gefühl, dass irgendetwas nicht stimmte. Wahrscheinlich ist das so ein Sinn, den man entwickelt, wenn man eine Weile allein in den Wäldern gelebt hat.«

»Sie leben hier draußen? Das überrascht mich... es wirkt so... rau.«

Er lächelte. »Nicht weit von hier lebt eine kleine Gemeinschaft von Leuten, so dass ich jede Menge Gesellschaft habe. Wir helfen einander aus. Und nun schlage ich vor, dass Sie sich nicht jetzt bis zu Ihrem Auto durchzuschlagen versuchen. Ich kann Sie zwar bis zu dem Aufstieg bringen, im Dunkeln wieder nach oben zu laufen ist jedoch noch etwas anderes. Das würde ich an Ihrer Stelle lieber nicht riskieren. Ich habe eine Hütte mit einem Extra-Schlafraum. Warum bleiben Sie nicht über Nacht? Morgen früh bringe ich Sie dann zu Ihrem Wagen.«

Ich schaute Richard an und fragte mich noch einmal, ob ich ihm trauen konnte. Es klang ganz nach einem soliden Rat, und »Schlafraum« hörte sich viel besser an als der harte Baum, an dem ich gelehnt hatte. Auch an seinem Gebaren war etwas, das mir Vertrauen zu ihm einflößte, als wäre ich völlig sicher in seiner Obhut. Hätte ich irgendeine Gefahr gespürt, dann wäre ich geblieben, wo ich war, um auf den Sonnenaufgang zu warten. So aber beschloss ich, die Gelegenheit beim Schopf zu ergreifen und seine freundliche Einladung anzunehmen.

»Klingt wie eine gute Idee«, sagte ich endlich. »Wenn Sie nichts dagegen haben, würde ich sehr gern mitkommen.«

»Prima, dann folgen Sie mir einfach... Es ist gar nicht weit.«

Richard ging auf einem schmalen Wildpfad voran, der nur mit der Taschenlampe zu erkennen war und am Bach entlangführte. Seine Schritte waren fest und sicher, meine dagegen recht zaghaft. Ich hatte Angst, über einen

Stein zu stolpern oder an einem Ast hängen zu bleiben, merkte aber schnell, dass ich ganz sicher sein konnte, solange ich ihm folgte. In der Ferne sah ich einen Lichtschein, dann tauchte die Silhouette einer kleinen Blockhütte auf.

»Dort ist sie«, sagte er. »Zwar nicht großartig, aber ich habe sie selbst gebaut und lebe hier ein ganz einfaches Leben.«

»Wie lange leben Sie schon hier draußen?«, fragte ich.

»Rund zehn Jahre inzwischen. Kaum zu glauben, dass es schon so lange ist. Ursprünglich komme ich aus Kalifornien... aus der Bay Area. Ich vermute, dass es nicht allzu viele Leute gibt, die so einfach leben wie ich, aber mir geht es sehr gut damit.«

»Sie haben gesagt, dass hier in der Nähe eine Gemeinschaft lebt... Sie sind also nicht allein.«

»Allein bin ich wirklich nicht«, sagte er, hielt an und wandte sich mir zu. »Da die meisten von ihnen gern abseits leben, passt diese Gegend hervorragend. Wie Sie schon gemerkt haben, gibt es keine Straße und noch nicht einmal Elektrizität. Alles, was ich habe, musste ich entweder hertransportieren oder selber herstellen. In den zehn Jahren ist das für mich normal geworden. Ich bin nicht sicher, ob ich noch einmal so leben könnte wie früher.«

»Das ist unglaublich«, bemerkte ich. »So viele Menschen träumen davon, jenseits der Zivilisation zu leben, aber nur die wenigsten können es.«

»Ich kann nicht behaupten, dass ich es besonders gut konnte, als ich hier ankam. Aber mit der Zeit hab ich mir die nötigen Fertigkeiten angeeignet. Und so geht es allen. Heute Abend findet hier eine kleine Zusammenkunft statt… in einer Scheune. Das kommt ab und zu vor… Dort treffen sich alle aus der Gemeinschaft zum Reden und Relaxen. Vielleicht spielt eine Live-Band, dann kann man jede Menge tanzen. Ich wollte eigentlich hin, es muss aber nicht sein, wenn Sie lieber in der Hütte bleiben und sich ausruhen möchten.«

Ob er mich mit seinem Kommentar auf die Probe stellen wollte? Erwartungsvoll blickte er mich an, als würde ihm meine Antwort sagen, was für ein Mensch ich sei. War ich abenteuerlustig genug, um mit ihm mitzugehen, oder würde ich auf Nummer sicher gehen und nur den Morgen abwarten? Die Tatsache, dass ich nun schon einmal hier war, machte mir die Entscheidung leicht. Ich würde nicht in einer Blockhütte herumsitzen wollen, wenn sich mir schon eine so ungewöhnliche Chance bot.

»Natürlich können Sie herzlich gern mitkommen, wenn Sie möchten«, sagte er schließlich, als er merkte, dass ich überhaupt nicht wusste, was ich sagen sollte. Wir standen direkt vor der Hütte, so dass das Licht von innen durchs Fenster auf Richards Gesicht schien und es engelsgleich erstrahlen ließ. Je länger ich mit ihm zusammen war, desto wohler fühlte ich mich in seiner Gesellschaft.

»Ich würde gern mitgehen«, antwortete ich. »Warum nicht... Warum sollte ich mich nicht amüsieren, wenn ich schon die Nacht im Wald verbringe.«

»Ganz meine Meinung. Sie *können* natürlich auch allein bei mir zu Hause bleiben, wenn Sie wollen. Es gibt hier nichts zu stehlen und auch keinen Fernseher. Aber ich glaube, dass Ihnen die Party gefallen wird. Bestimmt werden Sie fasziniert sein von den Menschen.«

Wir traten in seine Hütte, in der alles sauber und ordentlich und sehr klein war. Alles schien seinen Platz zu haben, keine Ecke blieb ungenutzt. Der Hauptraum war zugleich Sitzbereich und Küche, und rechts und links gab es jeweils eine Tür. Dahinter mussten die Schlafzimmer liegen.

»Sie werden dort drüben schlafen«, sagte er und wies auf die rechte Tür. »Zwar nicht weiter großartig, aber gemütlich.«

»Danke«, antwortete ich. »Sie können sich nicht vorstellen, wie dankbar ich bin.«

»Natürlich kann ich das. Ich habe ja gesehen, wo Sie schliefen, vergessen?«

»Ich nehme an. Obwohl ich sagen muss, dass ich schon Schlimmeres erlebt habe. Zum Beispiel einen Flug nach Tokyo auf dem Mittelsitz in einer überfüllten Maschine. Das werde ich nie vergessen.«

»Zwischen zwei übergewichtigen Männern?«, fragte er.

»Ganz genau. Woher wissen Sie das?«, sagte ich, während das klaustrophobische Gefühl von damals noch einmal in mir hochstieg.

»Sie sind zwar ein ganzes Stück kleiner als ich, aber ich hab mal was ganz Ähnliches erlebt... wenn auch nicht auf dem Weg nach Tokyo, sondern nach London. Vor Jahren bin ich als Rechtsanwalt viel gereist. Man könnte sagen, damals war mein Leben ziemlich genau das Gegenteil von jetzt.«

»Das sehe ich. Sie sind aber nicht aus der Stadt verjagt worden, oder? Sie wissen sicher, was so über Rechtsanwälte geredet wird.«

Er lächelte bei dem Gedanken. »Nein, das bin ich nicht, oder vielleicht doch, ganz wie man's nimmt. Wahrscheinlich könnte man sagen, dass ich aus eigenem Antrieb davongelaufen bin. Ich machte alles, was ich machen sollte, und besaß alles, was die Welt für wichtig hält, aber ich war nicht glücklich. Ich war nicht verheiratet, also hielt mich nichts, und eines Tages stieg ich in mein Auto und fuhr los. Ein paar Wochen später landete ich hier.«

»Zusammen mit den anderen«, sagte ich. »Ich wiederhole mich zwar, aber ich muss sagen, ich finde das wirklich sehr erstaunlich.«

»Es ist noch erstaunlicher, als Sie sich vorstellen können.« Das sagte er in einem Tonfall, der meine Neugier weckte. »Sie werden es bald merken.«

»Um wie viel Uhr beginnt die Party?«, fragte ich in der Hoffnung, ihm noch mehr zu entlocken.

»Sie hat schon begonnen«, sagte er. »Und da Sie nichts weiter mitgebracht haben, brauchen Sie sich ja auch nicht groß umzuziehen. Warum gehen wir nicht einfach gleich rüber?«

»Darf ich meine Wasserflasche hier abstellen?«, sagte ich, um einen Witz zu machen, denn einen Koffer hatte ich ja nicht dabei. »Wie viele Menschen leben hier draußen? Auf der Karte, die ich mir gekauft habe, hab ich nirgendwo eine Stadt gesehen.«

»Es gibt hier keine Städte, und die Zahl variiert ständig. Es können schon mal hundert Leute zusammenkommen. Jede Entschuldigung ist gut genug, um uns zu treffen.«

»Was tun die Menschen, die hier wohnen? Ich gehe davon aus, dass es hier keine Läden oder sonstigen Zivilisationsmerkmale gibt.«

»Keine Läden, keine Fabriken, einfach nur wunderbare Menschen, die ihre Privatsphäre lieben.«

Mir gingen Geschichten durch den Kopf, die ich über die illegalen Haschisch-Anpflanzungen gehört hatte, für die so wilde Gegenden wie diese berühmt waren, besonders im nahen Kalifornien. Ich bereitete mich auf eine Scheune voller Hippies vor, die Marihuana rauchten und sich nicht um die Gesetze scherten. Das Abenteuer wurde immer spannender.

»Sie wirken wie ein sehr ernsthafter Mensch auf mich«, sagte ich, als wir die Hütte verließen und uns auf den Weg in die entgegengesetzte Richtung zu der machten, aus der wir gekommen waren.

»Wie kommen Sie darauf?«, fragte er mit einem Blick über die Schulter.

»Ich weiß nicht so genau«, sagte ich. »Aber Sie wirken nachdenklich und tiefsinnig auf mich. Ich nehme an, dass das Leben hier draußen in der Wildnis dazu führt, dass man mehr nach innen schaut.«

»Das leuchtet mir ein. Um ehrlich zu sein, versuche ich einfach, in der Gegenwart zu leben. Ich denke, das ist der Schlüssel zum Leben. Zu viele Menschen leben in der Vergangenheit oder in der Zukunft, und dabei verpassen sie so viel. Das Einzige, was wir wirklich erfahren können, geschieht jetzt... in diesem Augenblick.«

»In der Vergangenheit leben...«, wiederholte ich, um seinen Worten nachzuspüren. »Das klingt vertraut.«

»Verzeihen Sie, wenn ich nachfrage. Aber warum sind Sie hier? Es gibt nicht sehr viele Leute, die es in diese Gegend verschlägt. Sie liegt ganz schön abseits und ist nicht gerade gefällig.«

»In Lakeview habe ich einen Indianer getroffen, der genau dasselbe sagte«, erzählte ich ihm. »Er meinte, dass hier draußen Dinge geschehen, die ziemlich verrückt, vielleicht sogar negativ sein mögen. Außerdem erzählte er mir, dass diese Gegend für sein Volk früher einmal besonders heilig war.«

»Das ist sie heute noch. Was das Negative angeht, bin ich allerdings anderer Meinung. Energie ist weder böse noch gut... Sie reagiert einfach auf das, was man ihr zuträgt. Wenn Sie positiv gestimmt und glücklich sind, dann ziehen Sie auch genau das an.«

»Sie glauben also, dass diese Gegend ungewöhnlich und sogar heilig ist?«, fragte ich.

»Ich glaube, dass hier draußen ungewöhnliche Dinge geschehen. Aber ich will das in keiner Weise festschreiben. Und Sie haben noch nicht auf meine Frage geantwortet: Was hat Sie eigentlich hierhergeführt?«

Ich erzählte ihm von Linda und dem Unfall, den wir vor drei Jahren auf dem Rückweg nach Oregon beinahe gehabt hätten. Ich erzählte ihm auch von meiner Fixierung, die zu dieser Reise geführt hatte, ließ jedoch den BMW unerwähnt, den ich am Fuß des Felsens vorgefunden hatte.

»Was halten Sie davon?«, fragte ich in der Erwartung, dass er mich womöglich für verrückt hielt.

»Was ich denke? Sagen wir mal, ich bin nicht überrascht. Das muss für den Moment reichen. Außerdem habe ich so ein Gefühl, dass Sie auf der Party ein paar Antworten erhalten werden.«

In der Ferne konnte ich Country-Musik hören, dann sah ich Licht durch die Bäume scheinen. Wir waren da. Offensichtlich waren alle anderen vor uns gekommen, denn vor der Tür sah ich niemanden mehr stehen. Nichts wirkte in irgendeiner Weise außergewöhnlich... Stattdessen hatte ich, schon bevor ich überhaupt eintrat, das Gefühl, willkommen zu sein. Ich hätte es mit nichts begründen können, außer vielleicht mit der Tatsache, dass auch Richard mich schon so freundlich aufgenommen hatte.

»Dort ist es«, sagte er, drehte sich um und lächelte. »Bestimmt werden Sie sich gleich großartig amüsieren.«

Er lief schnell voran. Direkt vor der Scheune wartete er auf mich. Als wollte er die Vorhänge zu einer Bühne aufziehen, auf der jetzt das Spiel beginnt, öffnete er die Tür und ließ mich eintreten. Der Raum war voller Menschen, von denen ein paar tanzten, andere in Grüppchen herumstanden, sich unterhielten und etwas tranken. Sie waren auf keinerlei spezielle Art gekleidet. Tatsächlich konnte ich gar keinen bestimmten Stil erkennen, so als kämen sie von lauter verschiedenen Orten und aus allen Gesellschaftsschichten. Manche waren gekleidet wie meine Eltern in ihrer Volkstanz-Montur, als ich noch klein war, andere trugen Jeans und T-Shirts, und ein paar waren so angezogen, als wären sie auf einer viel exklusiveren Party als dieser. Zwei oder drei der älteren Männer hatten uns hereinkommen gesehen, sie traten herbei und schüttelten Richard die Hand.

»Gut, dich zu sehen, alter Junge«, sagte ein breitschultriger Mann mit kurzem silbergrauem Haar. »Wie ich sehe, hast du einen neuen Freund mitgebracht.«

»Das ist Jimmy«, antwortete er. »Ob ihr es glaubt oder nicht – ich fand ihn heute Abend im Wald. Da hab ich mir gedacht, dass ich ihn lieber mitbringe, als ihn draußen verrotten zu lassen.«

»Schön, Sie kennen zu lernen, Jimmy«, sagte der Mann und hielt mir seine Hand hin. »Ich heiße Ralph und komme seit Jahren her. Es kommt nicht allzu häufig vor, dass wir Gäste von der anderen Seite bekommen, müssen Sie wissen. Vor allem nicht an so einem Abend. Sie hätten sich keinen besseren Zeitpunkt aussuchen können.«

Ralph gab einen durchdringenden Schrei von sich und warf mich fast um, als er zu der größten Gruppe auf der Tanzfläche hopste. Dort packte er eine Frau, die viel größer war als er, und wirbelte sie in einem großen Kreis herum.

»Was hat er damit gemeint, als er sagte...«

Ich konnte meine Frage nicht zu Ende formulieren, da brachte Richard bereits den nächsten Mann an, der etwas jünger und viel schlanker war als Ralph.

»Jimmy, ich möchte Ihnen Martin vorstellen. Er ist einer meiner engsten Freunde hier... Er war mal Arzt, aber... man könnte sagen, er ist jetzt in Pension.«

»Guten Tag, Jimmy«, sagte der Mann und schüttelte mir die Hand. »Richard erzählte mir gerade, wie Sie sich kennen gelernt haben. Sie hatten sich verirrt..., nicht wahr?«

»Ja. Ich versuchte den Weg zurück zu meinem Wagen zu finden, aber es war schon spät. Ich bin wirklich froh, dass er mich gefunden hat.«

»Es gibt keine Zufälle, mein Junge, vor allem hier nicht. Sie sind an einem der interessantesten Flecken der

Erde gelandet, wenn Sie mich fragen. Wie ich schon sagte, es gibt keine Zufälle, und das heißt, dass Sie aus gutem Grund hier sind. Ich wünsche Ihnen viel Glück beim Herausfinden, worum es geht.«

»Danke«, antwortete ich immer verwirrter.

»Jimmy«, sagte Richard, »warum schauen Sie sich nicht ein bisschen um und lernen die Menschen kennen? Hier sind wirklich alle sehr freundlich, Sie werden bestimmt keine Probleme haben, mit den Leuten ins Gespräch zu kommen. Ich unterhalte mich ein wenig mit Martin. Falls Sie mich brauchen sollten, bin ich hier. Genießen Sie es... und tanzen Sie auch ein bisschen.«

»Na gut«, sagte ich und hätte mir doch gewünscht, dass er mich nicht fortschickte. »Mal sehen, wem ich begegne. Bis später.«

Nervös ging ich an der Wand entlang und grüßte die Leute, an denen ich vorbeikam. Er hatte wirklich recht gehabt, sie waren sehr freundlich. Lag das daran, dass ich das einzige neue Gesicht in der Menge war, oder waren sie eben einfach so? Außerdem erstaunte mich, wie viele Menschen an diesem abgeschiedenen, kleinen Flecken am Ende der Welt lebten. Sie mussten aus der ganzen Region zusammengekommen sein, und die Tatsache, dass es keine Autos oder Straßen gab, machte die ganze Sache nur noch mysteriöser. Vielleicht war es das gewesen, was Ralph mit seinem Kommentar über die Herkunft von der anderen Seite gemeint hatte. Aber meinte er damit mich oder alle hier in der Scheune? Ich beschloss, dass es einfach ein Ausdruck sein musste, mit dem sie Außenseiter bezeichneten, die entweder mit irgendeiner Absicht oder zufällig in die Gegend kamen.

Jetzt stand ich in der Nähe einer Gruppe junger Mädchen in einer Ecke der Scheune. Keines von ihnen konnte älter als zwölf sein. Soweit ich sehen konnte, waren sie die einzigen Kinder auf der Party, und mich erstaunte, dass gar keine Jungs zu sehen waren. Dies war eine der seltsamsten und interessantesten Zusammenkünfte, die ich je erlebt hatte, und dabei hatte ich keine Ahnung, was mich noch erwartete.

Während ich so in der Ecke herumstand, beobachtete ich die Leute, die sich ausnahmslos großartig zu amüsieren schienen. Ich versuchte, mir einen größeren Einblick zu verschaffen oder überhaupt zu begreifen, wo ich hier eigentlich war. Es war eine solche Spannbreite an Menschen aller Größen und Typen, und vor allem schienen diese Unterschiede gar keine Bedeutung zu haben. Die Grüppchen mischten sich immer wieder neu und vermittelten den Eindruck, als wären alle gleich, als gebe es keinen Anführer.

Und da sah ich sie. Obwohl ich nicht sicher sein konnte, nahm mir der Anblick der Frau, die an der gegenüberliegenden Wand lehnte, den Atem. Die Wirkung des Schocks war so groß, dass ich, als ich losging, nichts und niemanden mehr um mich herum wahrnehmen konnte. Je näher ich kam, desto sicherer war ich mir, allein die Unmöglichkeit dessen, was ich da vor mir zu sehen glaubte, verwirrte mich und brachte mich aus der Fassung. Es musste sich um eine Lichttäuschung handeln, und zugleich wusste ich, dass es keine Illusion war. Als ich nur noch wenige Meter von ihr entfernt war, blieb ich wie erstarrt stehen in dem Gefühl, dass ich gleich das Bewusstsein verlieren würde.

Es war Linda.

Kapitel 9

Schnell kam sie mir entgegen, um mich zu stützen.

»Geht es Ihnen gut?«, fragte sie und fasste mich am Arm. »Sie sind ja ganz blass geworden. Kommen Sie doch bitte mit mir und setzen Sie sich.«

Sie führte mich zu vier oder fünf Heuballen, die an einer Wand lehnten, und stützte mich so lange, bis ich saß. Ich ließ den Kopf zwischen den Beinen hängen, um mir das Blut wieder in den Kopf fließen zu lassen und mich zugleich vor dieser merkwürdigen Halluzination zu schützen. Obwohl ich die Augen geschlossen hielt, so dass ich meine Umgebung nicht sehen konnte, blieb doch die Tatsache bestehen, dass hier eine Frau direkt neben mir saß, die genauso aussah und sich genauso anhörte wie Linda. Allerdings war es nicht die Linda, die im Alter von dreiundvierzig Jahren gestorben war. Die Linda, die da neben mir saß, war Anfang zwanzig wie zu der Zeit, als wir uns kennengelernt hatten. Ihr Haar war lang und glatt, und das, was sie anhatte, war mir sehr vertraut. Es war ein Laura-Ashley-Kleid, das wie eine schickere Version der Kleider aus *Unsere kleine Farm* aussah. Endlich nahm ich meinen Mut zusammen, richtete mich auf und öffnete die Augen, um sie wieder anzuschauen. Als sie mich anlächelte, glitzerte in ihren Augen ein fast übernatürliches Leuchten.

»Ich heiße Linda«, sagte sie und hielt mir die Hand hin. Ich wusste nicht, ob ich ihr wirklich die Hand schütteln sollte, tat es aber schließlich doch, da sie die ihre nicht wieder zurückzog. »Ich sah, wie Sie auf mich zukamen, und dann verzog sich Ihr Gesicht so schmerzvoll, dass ich dachte, Sie würden ohnmächtig.«

»Sie sagten, Ihr Name ist Linda?«, fragte ich, ohne sie anzuschauen.

»Genau.«

»Linda und weiter? Wie heißen Sie mit Nachnamen?«

Es war, als würde sie diese Frage wundern. Sie schaute nachdenklich zur gegenüberliegenden Wand der Scheune hinüber, bevor sie sich wieder mir zuwandte und antwortete: »Ich habe nicht die leiseste Ahnung. Es fühlt sich so an, als wüsste ich es oder als müsste ich es wissen, aber ich kann mich beim besten Willen nicht erinnern. Wahrscheinlich ist es nicht so wichtig.«

»Wissen Sie, wer ich bin?«, fragte ich, endlich mutig genug, um ihr in die Augen zu schauen. »Sie müssen mich wiedererkennen... Wissen Sie meinen Namen?«

Sie schaute mich an. »Na ja, Sie sehen mir sehr vertraut aus, aber ich kann nicht sagen, dass ich wüsste, wer Sie sind. Sollte ich das wissen?«

Es war, als bräche in mir etwas zusammen, ich konnte nicht mehr an mich halten. Ganz fraglos war dies die junge Frau, die ich 1984 kennengelernt, geheiratet und mit der ich eine Tochter großgezogen hatte. Sie war auch die Frau, die vor dreieinhalb Jahren brutal ermordet worden war. Was mich am meisten beunruhigte, war genau diese Tatsache: dass die Frau, um die ich getrauert hatte, nun hier vor mir saß, als hätte sich nie etwas geändert.

»Ja, das sollten Sie«, sagte ich und stand auf. »Ich bin es... dein Mann oder Ex-Mann oder was auch immer. Warum erkennst du mich nicht? Und wo zum Teufel sind wir, dass sich das hier so natürlich und normal anfühlt?«

Ich sah, wie von der anderen Seite des Raums Richard zu uns herüberstarrte. Sein Blick war beruhigend und zwingend zugleich, als wollte er mich dazu bringen, ruhig und standhaft zu bleiben. Da wandte ich mich wieder Linda zu.

»Ich garantiere jedenfalls, dass wir nicht in der Hölle sind«, antwortete sie lächelnd. »Ich wünschte, ich könnte Ihnen weiterhelfen, kann mich aber, ganz ehrlich, nicht erinnern. Ich weiß nur, dass ich zu dieser wunderbaren Tanzparty gekommen bin, und dass Sie hier bei mir sind. Sie sind ein bisschen verwirrt, aber Sie scheinen mir ein netter Mensch zu sein, also will ich Ihnen gern helfen. Können Sie mir sagen, was ich jetzt tun soll?«

Ihre Worte klangen so unschuldig wie die eines Kindes, das einem Familienangehörigen oder einem Geliebten gefallen will und jemandem das Herz öffnet, dem es sehr zugetan ist. Ich holte tief Luft, versuchte, mich zu entspannen, so gut es ging, und setzte mich wieder hin.

»Ich weiß nicht, was hier vor sich geht«, sagte ich. »Aber auf jeden Fall ist es unglaublicher und seltsamer als alles, was ich je erlebt oder wovon ich je gehört habe.« Ich holte wieder tief Luft, als wüsste ich, dass der nächste Schritt nicht leicht sein würde. »Lass mich versuchen zu erklären, warum ich so vollkommen erstaunt bin. Ich heiße Jimmy, und du bist Linda, die Frau, die ich vor vierundzwanzig Jahren geheiratet habe. Du siehst nur nicht so aus wie das letzte Mal, als ich dich sah. Damals warst du dreiundvierzig, und jetzt siehst du so aus, als wärst du…«

»Zweiundzwanzig… Ich schäme mich nicht, das zuzugeben.«

»Zweiundzwanzig? So alt waren wir beide, als wir uns kennen lernten. Mit dreiundzwanzig haben wir geheiratet, dann bekamen wir eine Tochter. Sie heißt Angela. Und vor dreieinhalb Jahren ist etwas ganz Schreckliches geschehen.« Ich hielt inne, unsicher, ob ich weiterreden sollte. Dann aber ballte ich die Fäuste und zwang mich, die Worte auszusprechen. »Du bist getötet… ermordet worden. Letzte Woche hat ein Mann die Tat gestanden, und plötzlich hat mich die Erinnerung an diese Straße nicht mehr losgelassen, auf der wir auf der

Heimfahrt von deiner Trauerfeier fast umgekommen wären. Ich bin hergekommen, weil ich das Gefühl hatte, ein Stück von mir hier gelassen zu haben. Damit ich wieder glücklich werden kann, muss ich es finden. Im Wald habe ich diesen Mann getroffen, der mich zu dieser... Tanzparty in die Scheune mitgenommen hat. Und wen sehe ich am anderen Ende des Raums? Na ja, bloß meine ermordete Ex-Frau, wie ich schon sagte. Deshalb bin ich fast ohnmächtig geworden, als ich dich sah, und deshalb fühle ich mich jetzt reichlich neben der Spur, weil ich mit dir spreche.«

Als ich geendet hatte, begann Linda zu lachen. »Das klingt ja wirklich erstaunlich... Und das soll ich gewesen sein? Unglaublich, dass ich mich an nichts erinnern kann.«

»Wie kannst du das alles vergessen haben?«, fragte ich. »Es gibt gar keinen Zweifel daran, wer du bist. Ich würde dich überall erkennen. Warum hast du alles vergessen?«

Die Seltsamkeit meiner Frage nahm mir selbst den Atem. Dass ich eines Tages Linda noch einmal persönlich begegnen könnte außer in einem Traum, war immer vollkommen jenseits meiner Vorstellung gewesen. Oder war das die Erklärung...? Träumte ich womöglich gerade? Aber als ich mich umsah und die tanzenden oder der Band lauschenden Leute betrachtete, kamen sie mir sehr real vor. Träume haben eine Tendenz, widersprüchlich zu sein und von einem Moment zum nächsten anders zu erscheinen. Neben den seltsamen Umständen, denen ich in der Scheune begegnete, und der Tatsache, dass mir meine Frau, die seit über drei Jahren tot war, wie sonst schon Tausende von Malen direkt gegenüber saß, schien nichts auch nur im Geringsten irreal.

»Genauso läuft das hier«, sagte sie. »Wenn du einmal da bist, ist alles andere egal. Nur das *Jetzt* ist wichtig, und genau jetzt sitze ich hier und führe ein äußerst interessantes Gespräch mit dir. Ich genieße das wirklich sehr.«

»Du sagtest: *Wenn du einmal da bist*. Was heißt das? Wo sind wir?«

»Wir sind hier, auf einer Tanzparty in einer Scheune«, sagte sie, als wäre das vollkommen klar.

»Ich weiß, aber wo ist das? Wo sind wir genau?«

»Ich bin immer noch nicht ganz sicher, ob ich die Frage richtig verstehe. Ich bin hergekommen, weil mir ein paar Freunde davon vorgeschwärmt und mich dazu aufgefordert haben. Mein Gefühl ist, dass ich hier bin, weil ich dir begegnen sollte, umso mehr, wenn ich einmal deine Frau war.«

»Dann weißt du also, dass du tot bist, oder?« Da die Frage sie zu erschrecken schien, wünschte ich sofort, ich hätte nicht gefragt.

»Tot? Was meinst du damit? Keiner von uns ist tot.«

»Entschuldigung«, sagte ich. Ich dachte nur, du hättest begriffen…«

»Nein, du hast mich nicht verstanden… Es gibt nirgendwo Tote. Es gibt nichts Reales, das sich als *tot* bezeichnen ließe. Vielleicht begreifst du das nicht, solange du nicht hierherkommst, aber das ist die Wahrheit. Nichts stirbt jemals wirklich.«

»Dann bin ich jetzt komplett verwirrt«, sagte ich und setzte mich wieder neben sie.

»Das ist in Ordnung... Sei ruhig verwirrt. Daran ist nichts verkehrt. Es gibt so vieles, was einem zuerst verwirrend erscheint, aber dann stellst du irgendwann fest, dass es eigentlich ganz einfach ist. Ich verspreche dir, dass das hier der Fall ist. Vielleicht kommt es dir jetzt komisch oder seltsam vor, aber du wirst sehen...«

»Liebste...« Das Wort rutschte mir so natürlich heraus, als hätte sich zwischen uns nie etwas geändert. »Ich weiß nicht, was gerade geschieht... Ich weiß nur, dass du hier bei mir bist, und das ist fantastisch und beängstigend zugleich. Ich hab mir so gewünscht, dich wiederzusehen. Du hast ja keine Ahnung, wie schrecklich es war, dich so plötzlich und auf so grausame Weise zu verlieren. Und als ich dann hörte, dass endlich jemand die Tat gestanden hat, ist die Wunde wieder aufgerissen. Ich hätte mir nicht vorstellen können, dass ich jemals hier landen und tatsächlich mit dir sprechen könnte. Ich verstehe überhaupt nicht, was da gerade passiert, aber es gefällt mir wirklich.«

»Ich weiß auch nicht, was gerade passiert«, sagte sie. »Aber ich bin sehr glücklich, dich zu treffen oder wiederzusehen, was auch immer der Fall ist. Du hast gesagt, wir wären verheiratet gewesen? Waren wir glücklich?«

»Ich wünschte, ich könnte das bejahen, aber es war schon sehr früh vorbei mit uns. Wir haben so jung geheiratet, und es war meine Schuld, dass wir gescheitert sind. Ich dachte, ich müsste die Welt verändern, und du wolltest einfach nur eine Familie gründen. Wären wir ein bisschen älter und reifer gewesen, hätten wir vielleicht einen Weg finden können. Immerhin blieben wir gut befreundet, was mich immer sehr verwirrt hat, denn ich habe nie aufgehört, dich zu lieben. Bis zu dem Tag, an dem du gestorben bist, habe ich versucht, dich zurückzugewinnen. Und da schien es fast wieder im Bereich der Möglichkeit, denn du überlegtest, nach Oregon zu ziehen, um Angela und mir näher zu sein. Es war der Moment, auf den ich so lange gewartet hatte.«

»Kannst du mir das zeigen?«

Auf diese Frage war ich nicht vorbereitet, und ich wusste nicht, was ich sagen sollte. »Dir zeigen... wie könnte ich das?«, fragte ich schließlich.

»Du kannst mir helfen zu sehen, was geschehen ist«, sagte sie, »...und wie wir gelebt haben... Wir haben ein großes Geschenk erhalten, und ich möchte gern, dass wir es so gut nutzen, wie wir irgend können. Ich möchte sehen, wovon du sprichst, weil ich mich selbst nicht erinnere. Und das kann ich, wenn du mich mit deinen Augen schauen lässt.«

»Und noch einmal, wie soll das gehen?«, fragte ich und spürte, wie ich mich verspannte. »Du redest so, als wäre das ganz normal und einfach. Ich weiß vielleicht nicht, wo wir sind und was hier eigentlich vor sich geht, aber was du vorschlägst, kommt mir ganz unmöglich vor.«

»Allein schon wegen der Tatsache, dass du hier bist, sollte dir klar sein, dass nichts unmöglich ist«, antwortete sie. »Du musst dich nur entspannen und mir in die Augen schauen. Den Rest übernehme ich.«

»Ich brauche also nichts weiter zu tun, als dir in die Augen zu schauen?«, fragte ich. »Und was passiert dann?«

»Dann folge ich dir zu einer Erinnerung... Das ist alles. Auf diese Weise werde ich sehen können, was du gesehen hast... Wir werden es gemeinsam sehen. Meinst du, dass du das kannst?«

Ich holte tief Luft, um mich zu entspannen, und ließ mich tiefer in den Strohballen hineinsinken. »Ich bin mir nicht sicher, aber ich will es gern versuchen. Das ist die seltsamste Erfahrung meines Lebens, warum sollte ich also jetzt aussteigen?«

»Genau... Warum jetzt aussteigen?! Bist du bereit?«

»Ja«, sagte ich und ließ meinen Blick in dem ihren ruhen. Zuerst schien neben dem, was ja augenfällig war, nichts weiter ungewöhnlich oder seltsam. Ich konnte fühlen, wie tröstliche und beunruhigende Emotionen zugleich hochkamen, Gefühle von Liebe und Verlust, von ruhiger und doch tiefer Verzweiflung. Ich ließ sie durch mein Bewusstsein fließen und dachte noch, dass ich sie nicht festhalten, sondern einfach da sein lassen und mich von ihnen dorthin treiben lassen sollte, wohin sie mich führen wollten. Dann hatte ich die Empfindung, dass ich mich vorwärtsbewegte, und erst, als ich mich auf dem Strohballen abstützte, begriff ich, dass sich meine Position nicht verändert hatte. Lindas Augen wurden immer größer, und ich hatte das Gefühl, in sie hineingezogen zu werden. Ihre Augen schienen plötzlich zu meinen eigenen und meine zu ihren geworden zu sein. Kaum war dieser Gedanke aufgetaucht, verschwand alles in einem weißen Nebel, wir flogen durch eine Wolke hindurch, während mir der Wind um die Ohren brauste. Als wir die Wolke wieder verließen, waren wir zu einem einzigen Bewusstsein geworden, und ich spürte, wie ich mit erschreckender Geschwindigkeit vom Himmel herunterfiel. Ich versuchte, den Fall zu verlangsamen, schien jedoch keinerlei Kontrolle darüber zu haben. Dann hörte ich ein lautes Knacken wie von einem abgebrochenen Ast.

Als ich die Augen öffnete, sah alles ganz anders aus.

Kapitel 10

Ich schwenkte mich langsam auf die Horizontale ein und stellte fest, dass ich angekommen war. Mein Bewusstsein schien über einem Wohnhaus gegenüber der Loyola University im Norden Chicagos zu schweben. Unten auf dem Bürgersteig sah ich eine viel jüngere Version von mir mit jemandem entlanggehen, den ich seit über zwanzig Jahren nicht gesehen hatte. Es war Curtis, der Freund, der mir Linda vorgestellt hatte. Ungefähr einen Monat davor war ich von der Uni abgegangen, während Curtis etwa zur selben Zeit von Minneapolis nach Chicago gezogen war. Als mein Bewusstsein über dem Eingang eines Gebäudes innehielt, sah ich uns beide darauf zugehen und den Summer der Sprechanlage neben der Tür drücken. Erst in diesem Moment wurde mir klar, wo wir uns befanden. Hier war ich Linda zum ersten Mal begegnet, und hier hatten wir im ersten Jahr unserer Beziehung gelebt. Ich versuchte, das Gespräch meines jüngeren Ichs mit Curtis aufzuschnappen, aber der Verkehrslärm machte es unmöglich, die Worte zu verstehen. Dann hörte ich eine dumpfe Stimme aus der Sprechanlage:

»Wer ist da?«

Es war Colleen, Lindas Schwester, die ebenfalls in diesem Haus wohnte. Ich erinnerte mich, dass Curtis direkt nach seinem Umzug eine kurze Beziehung mit ihr gehabt hatte. Diese Verbindung hatte mich schließlich mit Linda zusammengeführt.

»Ich bin's«, sagte Curtis in die Anlage hinein. »Ich bringe den Freund mit, von dem ich dir erzählt habe.«

»Okay«, antwortete sie. »Kommt rauf.«

Der Türöffner surrte, und wir traten ein. Während Curtis und mein jüngeres Ich durch den Hausflur gingen und in den kleinen Fahrstuhl stiegen, schwebte ich direkt über ihnen. Meine Anwesenheit schien den beengten Raum, in dem kaum drei Leute Platz gefunden hätten, nicht zu beeinflussen, und erst jetzt konnte ich ihr Gespräch verfolgen.

»Um wie viel Uhr kommt ihre Schwester wieder?«, fragte mein jüngeres Ich ihn.

»Ich an deiner Stelle würde nicht mit ihr rechnen«, sagte Curtis. »Ich kann noch nicht mal zählen, wie viele Freunde sie hat. Jedes Mal, wenn ich sie sehe, hat sie einen neuen.«

»Ich weiß nicht«, erwiderte ich. »Ich hab ein ganz gutes Gefühl. Und es macht mir gar nichts, wenn nichts dabei rauskommt. Ich hab einfach Lust, jemanden kennenzulernen. Mir ist, als wäre ich, seit ich die Uni verlassen habe, gar nicht mehr aus dem Wald herausgekommen.«

»Warum hast du diesen Job bloß angenommen?«, fragte er. »Du bist da sonst wo und gibst Retreats für irgendwelche Kids, die noch nicht mal dort sein wollen. Du solltest lieber wieder in die Stadt kommen und mit mir ausgehen.«

»Genau das hab ich ja heute Abend vor. Ich hoffe nur, dass es klappt.«

Als sich die Aufzugtür öffnete, traten sie in den Korridor. Mein Bewusstsein schwebte hinter ihnen her, während sie zum anderen Ende des Korridors liefen und dort an die Tür klopften. Gleich darauf öffnete eine junge Frau mit mittellangem hellbraunem Haar und gab Curtis einen Kuss.

»Das ist Jimmy«, sagte er und trat zur Seite. »Sag ihm, er soll sich nicht zu viele Hoffnungen auf deine Schwester machen.«

»Was hat er dir erzählt?«, fragte Colleen, als sie mich zur Begrüßung umarmte. Ich mochte sie gleich.

»Glaub ihm gar nichts. Ich habe eine wunderbare Schwester. Sie ist einfach ein bisschen wählerisch, nichts weiter. Und was soll daran verkehrt sein? Sie ist wirklich großartig.«

Wir gingen mit ihr in die Küche, wo sie die Suppe umrührte, die in einem Topf auf dem Herd kochte.

»Ich meinte ja nur, dass er Schlange stehen müsste, um eine Chance zu bekommen«, sagte Curtis.

»Ich will überhaupt gar keine Chance bekommen«, erwiderte ich, da mir das Thema unangenehm wurde. »Ich bin einfach hier, weil ich anderen Menschen begegnen und Spaß haben möchte. Ich hab überhaupt nicht die Absicht, irgendwelche Annäherungsversuche zu machen...«

»Hör zu«, sagte Colleen und hielt den Holzlöffel hoch, um dem, was sie zu sagen hatte, Nachdruck zu verleihen. »Ich hätte es schrecklich gern, wenn meine Schwester jemanden kennenlernen würde, der anders ist als die Jungs, mit denen sie bislang herumgehangen hat. Sie ist zu gut für diese Typen, und nach allem, was Curtis mir über dich erzählt hat... Also, ich freu mich, wenn ihr euch kennenlernt, das ist alles.«

Eine halbe Stunde später saßen wir im Wohnzimmer und aßen die Suppe, die Colleen gekocht hatte. Ich war beeindruckt von ihrer offenen Begeisterung und spielerischen Art, und während ich, so in der Luft schwebend, dem Fortgang der Szene zuschaute, staunte ich darüber, wie viele Details ich über die Jahre vergessen hatte. Normalerweise erkennen wir erst, lange nachdem wir die meisten Einzelheiten vergessen haben, welches die Schlüsselmomente in unserem Leben gewesen sind. Bald würde Linda durch die Tür hereinkommen, und ich wusste genau, wie ich mich fühlen würde. Mein Puls würde zu rasen anfangen, und mein gesamter Körper würde vibrieren. Obwohl ich zu dem Zeitpunkt nichts davon wusste, war es ihr damals ähnlich ergangen, wie sie mir erst Jahre später gestand. Es war eine merkwürdige Erfahrung, einen Teil von mir so komplett ahnungslos zu sehen bezüglich dessen, was gleich passieren würde, während ein anderer mit all dem Wissen über der ganzen Szene schwebte.

Es klopfte an der Tür, und Colleen stand auf. »Das muss sie sein. Sie wohnt unter mir, und um diese Zeit kommt sie normalerweise nach Hause.«

Ich konnte fühlen, wie sich beide Teile von mir – der, der auf dem Sofa saß, und der, der über der Szene schwebte – zu ihr umdrehten, als sie eintrat. Erst in diesem Augenblick verstand ich, was Linda in der Scheune gemeint hatte, als ich in ihre Augen und in diese Szene hineinkatapultiert wurde. Sie hatte gesagt, dass sie alles, was passiert war, *durch* mich sehen würde, als würde sie es durch die Linse meines Bewusstseins erleben. Plötzlich konnte ich ihre Anwesenheit spüren, als ob die Linda an der Tür und die, die zuschaute, energetisch miteinander verbunden wären. Obwohl ich hier gerade eine Szene miterlebte, die sich vor vierundzwanzig Jahren ereignet hatte, war die Brücke, die die Vergangenheit mit der Gegenwart verband, unerträglich schmal, und ich konnte spüren, wie sie unter meinen Füßen schwankte.

Als Colleen die Tür öffnete, war mir, als stoppte die Zeit. Linda sah genauso aus wie gerade noch in der Scheune, obwohl es doch in Wirklichkeit so viele Jahre her war, seit ich sie die Wohnung ihrer Schwester hatte betreten sehen. Wenn Zeit wirklich eine Illusion ist, dann erlebte ich dies jetzt ganz direkt und zutiefst verwirrt. Zuerst schaute sie mich nicht an, sie bewegte sich wie jemand Fremdes und Unbeteiligtes, der gar nicht an diesen Ort gehörte. Ich schaute zu dem jungen Jimmy hin, um die Reaktion meines Gegenstücks zu beobachten. Obwohl er verzweifelt versuchte, den plötzlichen Energieschub zu verstecken, der ihn erfasst hatte, war er ihm doch ganz deutlich anzusehen. Er – oder ich – stand auf, widerstand aber dem Impuls, ihr entgegenzugehen. Mein jüngeres Ich wusste ja damals noch nichts, und obwohl ich diesen unerwarteten Ansturm von Licht und Gnade verspürte, konnte ich nicht ahnen, ob das nicht nur meine Einbildung war. Von meinem heutigen Blickwinkel aus wusste ich natürlich, dass viel mehr dahinter gesteckt hatte.

Curtis ging auf Linda zu und umarmte sie. Dann wies er auf mich und sagte: »Ich habe einen Freund mitgebracht, der ein paar Tage zu Besuch ist. Jimmy ist der Grund, warum ich nach Chicago gekommen bin. Wir waren in Minnesota zusammen auf der Highschool, und er hat mich überredet, in den Süden zu ziehen. Jimmy, das ist Colleens Schwester Linda.« Anerkennend und amüsiert beobachtete ich die Szene. Da ich den Vorteil genoss, Details zu kennen, die allen anderen im Raum noch verborgen waren, war mir klar, dass Linda bereits wusste, dass ich kommen würde, und dass sie – zumindest äußerlich – nicht die Absicht hatte, mich auch nur im Geringsten zu beachten. Wie Curtis schon gesagt hatte, war sie eine alleinstehende, schöne, junge Frau, die die Aufmerksamkeit vieler Männer erregte, und sie wollte ganz sicher nicht noch einen weiteren auf der Liste haben. Als sie sich schließlich mir zuwandte, hielt ich nach einem Funken von Anerkennung oder Empathie Ausschau. Stattdessen spürte ich nur eine eiserne Entschlossenheit, so dass selbst mein schwebendes Ich sich fragte, wie ich das überstehen sollte.

»Nett, dich kennenzulernen«, sagte sie höflich und reichte mir die Hand. Dann wandte sie sich wieder Colleen zu. »Was habt ihr vor heute Abend? Ich muss morgen früh zum Unterricht und will früh wieder zu Hause sein.«

»Eigentlich haben wir noch nichts weiter geplant«, sagte Colleen. »Sie sind erst vor kurzem gekommen, und wir haben noch gar nicht darüber gesprochen.«

»Ich hab von einem Hypnotiseur bei Sally's Stage in der Western Avenue gehört, der richtig unterhaltsam sein soll«, schlug Curtis vor. »Wir könnten uns den zum Beispiel ein Weilchen anschauen und dann vielleicht noch ein paar Drinks im Cheers nehmen.«

Das Cheers war die Sports Bar gleich um die Ecke von dem Haus, in dem Linda und Colleen wohnten. Solange ich die Loyola University besucht hatte, war sie eine meiner Lieblingsbars gewesen, die der gleichnamigen Bar aus der bekannten Chicagoer Fernsehserie nur entfernt ähnelte, eine Nachbarschaftskneipe, die gemütlich und interessant zugleich war. Alle befürworteten

Curtis' Vorschlag, und eine halbe Stunde später waren wir bereits unterwegs zu Sally's Stage.

»Erzähl mir mehr von dir«, sagte Linda Stunden später, als wir uns an einen Ecktisch im Cheers setzten. Der Hypnotiseur hatte sich als gute Unterhaltung erwiesen, und jetzt wollten wir den Abend mit ein paar Drinks ausklingen lassen. Ich war glücklich und überrascht darüber, dass sie jetzt doch endlich Interesse für mich zeigte, nachdem sie sich den ganzen Abend eng an ihre Schwester gehalten und jeden Kontakt mit mir vermieden hatte. Colleen und Curtis waren nach draußen verschwunden und hatten uns beide allein gelassen.

»Ich hab vor einem Monat mein Examen hier an der Uni gemacht«, fing ich an, »und dann einen Job in einem kleinen spirituellen Zentrum im Westen der Stadt angenommen, wo ich Retreats gebe. Das ist ganz schön weit weg von hier, und ich hab keinen eigenen Wagen, so dass ich nicht so einfach in meine alte Wohngegend kommen kann.«

»Ein spirituelles Zentrum?«, fragte sie nach. »Was für Retreats gibst du?«

»Katholische Highschools schicken ihre Schüler dorthin. Man könnte sagen, dass sie nicht besonders scharf drauf sind, wenn sie kommen. Aber normalerweise öffnen sie sich während des Retreats und haben dann eine schöne Zeit. Ehrlich gesagt, liebe ich diese Arbeit. Als ich die Schule verließ, hatte ich keine Ahnung, was ich eigentlich wollte, und sie scheint wirklich gut zu mir zu passen.«

»Ich bin gerade selber von einem Retreat zurückgekommen«, sagte sie und lächelte mich so an, dass ich mir jetzt ihres Interesses ganz sicher sein konnte. »Ich befasse mich gerade mit dem ›Handbuch zum höheren Bewusstsein‹. Letztes Wochenende bin ich auf einen Workshop gegangen, um mehr darüber zu erfahren.«

»Erzähl mir etwas davon«, sagte ich, um das Gespräch am Laufen zu halten.

»Ein Typ namens Ken Keyes hat es geschrieben. Er hatte als Kind Kinderlähmung und war querschnittsgelähmt. Er hat einen Prozess entwickelt, den er die ›Wissenschaft vom Glück‹ nannte, was eigentlich ganz schön erstaunlich ist.«

»Warum findest du es erstaunlich?«

»Weil das jemand ist, der sich wunderbar als Opfer fühlen könnte, es aber überhaupt nicht tut. Er glaubt nicht, dass Glück uns nur zufällig geschieht. Es geschieht, wenn wir die Vorstellungen und Abhängigkeiten loslassen, die uns von uns selbst abtrennen. Am Wochenende haben wir uns mit allen möglichen Werkzeugen und Techniken beschäftigt, die er lehrt.«

Während ich die Szene von oben betrachtete, konnte ich spüren, wie sich die Linda aus der Scheune versuchte zu erinnern. Wir waren so miteinander verbunden, dass ich ihre Gefühle und sie die meinen spüren konnte. Sie war berührt von der Liebe, die ich beim Beobachten der Szene empfand, und ich konnte spüren, dass sie gern ein besseres Gedächtnis gehabt hätte, so wie jemand, der sich nach einer Amnesie danach sehnt, sich an all das zu erinnern, was sein Leben geprägt hat. Ich dagegen fühlte mich, als würde ich gerade meinen absoluten Lieblingsfilm sehen, und die Szene, in der ich die Liebe meines Lebens kennenlernte, brauchte von mir aus nie zu enden.

»Wir haben dort auch ein bisschen Traumtherapie gemacht«, fuhr sie fort.

»Vielleicht klingt das jetzt dumm, aber was in aller Welt ist Traumtherapie?«

Sie lachte und fasste mich über den Tisch hinweg am Arm. Die Berührung gab mir Kraft.

»Die Zeiten haben sich geändert«, erwiderte sie. »Da draußen gibt es eine ganz neue Welt, vor allem mit der New-Age-Philosophie und ihren Techniken und so. Traumtherapie bedeutet, dass du deine Träume beobachtest, aufschreibst und dann interpretierst. Alles in deinem Traum ist symbolisch, und wenn du lernst, was die Symbole bedeuten, kannst du sie verwenden, um dein Leben besser zu verstehen. Manchmal werden unsere Träume auch von den Dingen beeinflusst, an die wir direkt vor dem Schlafengehen denken.«

»Ich möchte dir gar nicht sagen, woran ich vor dem Schlafengehen denke«, sagte ich nervös.

»Jetzt machst du mich aber neugierig.«

»Na ja, kennst du diese kleinen Tricks, die einem beim Einschlafen helfen?«, begann ich und fragte mich zugleich, ob ich nicht gerade einen Fehler machte. »Ich hab auch einen, den ich fast jeden Abend anwende. Aber er ist ein bisschen komisch.«

»Erzähl weiter.«

»Ich stelle mir vor, ich hätte diese Supermacht, von der ich keinem was sagen kann. Dann habe ich die Fähigkeit, Leute dazu zu bringen, bestimmte Krankheiten zu fühlen, bloß weil ich mich darauf fokussiere. Dabei geht es nicht nur um eine Person, sondern auch um eine ganze Menge von bestimmten Leuten, die ich alle dazu bringen kann, etwas Bestimmtes zu fühlen.«

»Das klingt krank«, sagte sie, während sie sich nach vorn lehnte, um meiner Geschichte noch aufmerksamer lauschen zu können. »Und daran denkst du, bevor du einschläfst?«

»Ja... und ich kann gar nicht glauben, dass ich dir das jetzt erzähle. Egal, ich stelle mir sogar vor, dass ich Leute dazu bringen kann zu sterben, wenn ich will. Aber nur, wenn sie es wirklich verdienen. Ich kann zum Beispiel meine Energie auf jemanden fokussieren, der ein Kind getötet hat, und ihn dazu bringen, sich schrecklich elend zu fühlen oder sogar zu sterben. Das wäre doch eine ganz schön praktische Macht, oder? Stell dir vor, du könntest alle Terroristen auf der Welt davon überzeugen, dass sie, wenn sie ihren Hass und ihre terroristischen Verschwörungen nicht sein lassen, alle genau am Dienstag um 14 Uhr sterben werden. Ich würde einen Weg finden, das in den Zeitungen der ganzen Welt zu veröffentlichen, damit sie eine faire Warnung bekämen.

Und wenn die Stunde schlägt, stirbt jeder, der sich nicht von seinen Plänen abgekehrt hat. Stell dir vor, wie schnell wir mit so einer Fähigkeit in der Welt Ordnung schaffen könnten.«

»Ich kann nicht glauben, dass du das wirklich bis zu Ende durchdacht hast«, sagte sie. »Du bist ja total krank.«

»Nicht wirklich. Es ist nur ein kleines, verrücktes Spiel, das mir beim Einschlafen hilft. Aber es wirft die Frage in mir auf, was passieren würde, wenn wir alle eine solche Superkraft hätten.«

»Was meinst du damit?«

»Ich glaub, ich hör jetzt lieber auf«, antwortete ich und zwang mich dazu, das Thema zu wechseln. »Ehrlich gesagt, hätte ich nie gedacht, dass ich das je irgendwem erzählen würde, und schon gar nicht in so einer Situation wie jetzt.«

»Ich bin nicht so sicher, ob ich weiß, was du mit *so einer Situation* meinst.«

Als ich mein jüngeres Selbst da so am Tisch sitzen sah, wusste ich, dass sich »sein« Magen jetzt wie ein Tornado drehte. Hatte ich zu viel gesagt und mehr von meinen Gefühlen preisgegeben, als ich wollte? Über das, was ich fühlte, gab es keinen Zweifel: Schon als sie die Wohnung ihrer Schwester betreten hatte, hatte mich, ohne dass ich etwas dagegen hätte tun können, der Blitz getroffen. Zugleich war ich schlau genug, Zeichen lesen zu können, und sie sagten mir alle, dass sie nicht sonderlich interessiert an mir war. Meine einzige Chance bestand darin, sie mit der Zeit zu gewinnen, vorausgesetzt, dass ich in der Lage wäre, mir die Zeit zu nehmen, was eigentlich weder meiner Natur noch meiner Neigung entsprach. Ich wollte mich am liebsten in die Schlacht stürzen, meine Absicht klar und deutlich verkünden und mir so schnell wie irgend möglich ihre Zuneigung sichern. Schon bereute ich es, ihr von dem lächerlichen Ritual erzählt zu haben, dass ich mir zum Einschlafen ausgedacht hatte. Falls ich überhaupt eine Chance gehabt haben sollte – damit hatte ich sie sicher verspielt. Aber zu meiner Überraschung lächelte Linda mich offen an und schien mir damit zeigen zu wollen, dass ich meinem Ziel womöglich näher war, als ich ursprünglich gedacht hatte. Als ich beschloss, ihr meine Gefühle offen zu zeigen, zuckte sie weder physisch noch energetisch zurück.

»Ich weiß nicht...«, sagte ich vorsichtig drängend. »Ich meine, wir unterhalten uns hier gerade so gut, dass ich, ehrlich gesagt, froh wäre, wenn Colleen und Curtis noch lange draußen blieben.«

Offensichtlich hatte ich genau das Richtige gesagt, denn jetzt lachte sie und rückte vom Tisch ab. »Sie sind zu ihr nach Hause gegangen, so dass du dich ganz frei fühlen kannst.«

»Oh«, sagte ich etwas schockiert, weil ich gar nichts davon mitgekriegt hatte. »Dann kann ich mich wohl glücklich schätzen, dass du noch da bist. Du hättest mich ja schon lange hier sitzen lassen können.«

»Ich glaube nicht, dass das passieren wird«, sagte sie. Zum ersten Mal hatte ich das Gefühl, dass sie sich entspannte und die Möglichkeit in Betracht zog, dass da tatsächlich etwas zwischen uns vor sich ging.

»Glaubst du nicht?«, fragte ich, ein wenig ängstlich, ich könnte immer noch zu schnell sein. »Das klingt wie eine sehr gute Nachricht.«

Als wir uns schweigend in die Augen schauten, war die Intensität von dort oben an der Decke, wo ich jetzt schwebte, deutlich zu spüren. Dann griff Linda nach meiner Hand, und mein älteres Ich durchströmte eine Wärme, die mich zu dem Tisch hinzog. Einen Augenblick später befand ich mich auf Augenhöhe mit Linda, die ich nun näher vor mir hatte als mein jüngeres Ich. Wieder fühlte ich mich so, als würden ihre Augen mich in sich hineinziehen und mein gesamtes Sein umfangen. Ich verspürte das nun schon vertraute Gefühl, dass mich etwas aus der einen Welt, in der unsere beiden Alter Egos lebten, in die andere zog, von der ich immer noch nicht wusste, ob sie überhaupt existierte. Sekunden später öffnete ich die Augen und stellte fest, dass ich wieder in der Scheune war und Linda mir gegenübersaß.

Kapitel 11

Ich atmete tief durch.

»Du hast mich wirklich geliebt, nicht wahr?«, fragte sie, als sie sah, wie schwer es mir fiel, mich von der Vision zu erholen.

»Ja«, erwiderte ich noch etwas zittrig. »Ich habe dich immer geliebt. Bei allem, was zwischen uns passiert ist, hat sich das nie geändert.«

»Und damals hat alles begonnen«, fuhr sie fort. »Danke, dass du mir geholfen hast, es zu sehen. Es muss ein wunderbarer Abend gewesen sein.«

»Du hast also wirklich gar keine Erinnerung daran und konntest es jetzt nur durch meine Augen sehen?«

»Nein, ich erinnere mich an nichts, und ja, ich habe alles durch dich gesehen. Ich weiß nicht, ob das für dich einen Sinn ergibt oder nicht…«

»Ja und nein«, antwortete ich. »Es hat sich so angefühlt, als würden wir es gemeinsam anschauen, obwohl ich dich überhaupt nicht gespürt habe. Ich glaube, besser kann ich es nicht erklären.«

»Was ist danach geschehen?«

»Ich erinnere mich, dass ich dich zu deiner Wohnung zurückbegleitet und auf der Schwelle geküsst habe. Diesen Kuss werde ich nie vergessen. Dann waren wir eine Weile zusammen und haben ein Jahr später geheiratet.«

»Erzähl mir mehr über unsere Tochter«, bat sie. »Wie ist sie so?«

»Sie ähnelt uns beiden«, sagte ich ihr und fühlte mich plötzlich sehr wohl mit unserem Gespräch. »Ich würde sagen, sie besitzt deine Schönheit und meinen Einfallsreichtum. Andere sagen oft, dass sie wie die perfekte Mischung von uns beiden aussieht, aber ich finde, dass sie dir ähnlicher sieht.« Ich machte eine Pause, um die Frau neben mir ausführlich zu betrachten. »Ich erinnere mich daran, wie schön du warst, vor allem, als wir uns kennenlernten. Genau wie jetzt. Du bist und warst die schönste Frau, die ich je gesehen habe.«

»Du siehst mich jetzt nur so vor mir, weil es das Bild von mir ist, an das du dich am besten erinnerst«, sagte sie.

»Was soll das heißen? Siehst du normalerweise nicht so aus?«

»Hier gibt es so was wie ein besonderes oder festgelegtes *Aussehen* nicht. Du siehst mich so, wie ich einmal war, aber das spielt jetzt keine Rolle. Du könntest mich auch als Kind sehen oder als Dreiundvierzigjährige. Ich bin auf kein bestimmtes Aussehen begrenzt, ebenso wenig wie du.«

Sie lächelte mich an, als gäbe es auch noch eine tiefere, verborgene Bedeutung für das, was sie sagte. Ich dachte einen Moment darüber nach, dann tat ich diesen Gedanken als Einbildung ab.

»Also... wo waren wir gerade?«, fragte ich. »Ich weiß schon, dass wir hier bei einer Tanzparty in einer Scheune sind und so weiter, aber offensichtlich passiert ja gerade noch etwas Größeres. Kannst du mir sagen, wo wir hier eigentlich sind?«

Ohne zu antworten stand Linda auf, nahm mich bei der Hand und führte mich zu einem Tisch, an dem eine ältere Frau gerade Weißweingläser aus einem Pappkarton verteilte. Sie lächelte uns an, als wir auf sie zutraten.

»Schaut euch nur an«, sagte die Frau, während sie uns zwei Kristallgläser reichte, die auf einer Party in einer Scheune deplatziert wirkten. »Ihr seht so schön aus zusammen.«

»Wir sind anscheinend verheiratet«, erwiderte Linda. »Und ich weiß es noch nicht einmal.«

»Ist es nicht großartig, so was herauszufinden? Dass man verheiratet ist und so? Amüsiert euch gut beim Tanzen!«

Als wir weitergingen, entschuldigte sich Linda und fragte: »Was war es noch, was du wissen wolltest?«

»Ich fragte dich, wo wir hier sind. Mir scheint fast, dass du eine Antwort darauf vermeidest. Als ich mich verlaufen hatte, traf ich unten am Bach einen Mann, der mir von der Scheune erzählt hat. Jetzt sehe ich, dass es weit mehr ist als eine normale Tanzparty, und ich möchte wirklich wissen, wo wir sind.«

»Mal sehen, ob ich es dir so erklären kann, dass du es verstehst«, sagte sie, blieb stehen und sah mich an. »Wir sind irgendwo zwischen Himmel und Erde… Ich dachte, du hättest das schon begriffen.«

»Irgendwo dazwischen?«, fragte ich nach. »Aber wie ist das möglich?«

»Es ist die Wahrheit«, sagte sie, »und zugleich ist es auch nicht die Wahrheit, weil es dann so scheint, als wären Himmel und Erde zwei verschiedene Orte. In Wirklichkeit sind sie das nicht, aber das führt uns hier zu weit.«

Jetzt gingen wir direkt auf Richard zu. Er stand da und lächelte uns entgegen, als wisse er genau, was gerade geschah.

»Schön zu sehen, dass Sie schon Freundschaft geschlossen haben«, sagte er zu mir. Dann wandte er sich Linda zu. »Wir sind uns noch nicht begegnet, oder? Ich heiße Richard.«

»Linda. Ich bin zum ersten Mal hier. Aber ich habe schon von Ihnen gehört. Susan, eine Freundin von mir von der anderen Seite, war schon hier und kennt Sie.«

»Natürlich, Susan kenne ich gut. Heute Abend habe ich sie noch gar nicht gesehen.«

»Sie sagte mir, dass ich unbedingt kommen soll«, fuhr Linda fort und schaute zu mir hinüber. »Ich glaube, jetzt weiß ich, warum. Ich sollte wohl diesen Mann kennenlernen… auch wenn ich nicht weiß, ob *kennenlernen* das richtige Wort ist, da wir uns definitiv schon kennen.«

»Das stimmt«, erwiderte Richard und sah mich direkt an, als hätte er gewusst, dass diese Begegnung stattfinden würde. »Ich sah ihn nicht allzu weit von hier herumirren und hatte das deutliche Gefühl, dass er herkommen sollte. Ich wusste zwar nicht, warum… aber jetzt weiß ich es.«

»Wie oft findet das hier statt?«, fragte Linda. »Es ist wirklich nett hier, ich würde gern noch anderen Leuten davon erzählen.«

»Es findet jeden Abend statt«, antwortete Richard. »Dies ist ein sehr spezieller Ort, und spezielle Orte führen mitunter ein Eigenleben. Ich bin mir nicht ganz sicher, ob Sie zu vielen Menschen davon erzählen sollten. Wir wollen nicht, dass es zu voll wird.«

»Ihr beide sprecht da über Dinge, bei denen ich nicht mitreden kann«, sagte ich. »Vor zwei Stunden war ich noch allein im Wald, und jetzt bin ich hier auf einer Party mit meiner Frau, die vor dreieinhalb Jahren gestorben ist. Bitte versteht mich nicht falsch. Ich bin überglücklich, dass ich hier bin, und will nie wieder fort, aber das Ganze bringt mich etwas aus dem Gleichgewicht.«

»Glaub mir«, sagte Linda, »ich bin genauso aus dem Gleichgewicht wie du. Wenn du sehen würdest, woher ich komme, dann würdest du verstehen.«

Richard sah mich lächelnd an. »Und damit verlasse ich euch, damit ihr genug Zeit füreinander habt. Wenn ihr mich braucht, bin ich in der Nähe.«

Richard klopfte mir freundschaftlich auf den Rücken und gesellte sich zu einer Gruppe von drei Männern, die einen altertümlich aussehenden Traktor in einem Winkel der Scheune begutachteten.

»Was möchtest du gern machen?«, fragte Linda, als könnten wir alles tun, was wir wollten.

Ich dachte einen Augenblick nach, dann sagte ich: »Warum gehen wir nicht spazieren? Es gibt einen wunderbaren kleinen Bach dort hinunter…«

»Das geht leider nicht«, antwortete sie. »Der einzige Ort, an dem wir zusammen sein können, ist… die Scheune. Wofür auch immer wir uns entscheiden, wir müssen es hier tun.«

»Wirklich? Du kannst die Scheune nicht verlassen?«

»Doch, schon … aber nicht mit dir. Wenn ich gehe, werden wir nicht weiter zusammen sein, zumindest nicht so wie jetzt. Wenn wir uns also weiter unterhalten wollen, müssen wir es hier tun.«

»Ich würde so gern verstehen, was das bedeutet«, bemerkte ich.

»Vielleicht später«, erwiderte sie und führte mich wieder zu den Heuballen, wo wir unsere Unterhaltung begonnen hatten. »Jetzt würde ich gern mehr darüber erfahren, was geschehen ist. Ich weiß, dass es keine Rolle spielt, aber ich bin neugierig. Außer ein paar zufälligen Erinnerungsfetzen, die nicht viel Sinn ergeben, erinnere ich mich nämlich an gar nichts.«

Wir setzten uns einander gegenüber. Ich fragte mich, ob es mir wirklich guttun würde, die Details zu erzählen, und wie sie wohl darauf reagieren würde. Außerdem wollte ich das alles selbst nicht noch einmal erleben, umso weniger jetzt, wo sie so nah bei mir war.

»Eigentlich wissen wir bis heute nicht, was geschehen ist«, erklärte ich ihr. »Es gab keine Zeugen, es wurde nichts gestohlen, und es hat über drei Jahre gedauert, bis sich jemand gefunden hat, der sich zu der Tat bekennt. Ich hatte an demselben Abend mit dir telefoniert, und da war noch alles in Ordnung gewesen. Ich erzählte dir von Angela, und du musstest weinen.«

»Warum musste ich weinen?«, fragte sie.

»Du hast geweint, weil dir klar wurde, wie sehr Angela dich liebte. Du hattest dich das lange gefragt, weil sie als Teenager nicht gerade die netteste Tochter gewesen war. Aber als sie erwachsen wurde, entstand zwischen euch eine richtige Beziehung… eine Freundschaft. Ich war so glücklich darüber, dass ihr die Chance hattet, euch richtig kennenzulernen und zu mögen, auch wenn es nur sehr kurz war. Ich weiß, dass sie das sehr vermisst und das Gefühl hat, etwas ganz Wichtiges verloren zu haben.«

»Ich verspreche dir, dass wir uns wiedersehen werden«, sagte Linda ernst. »Es gibt eine Sache, die wir immer von einer Welt in die andere mitnehmen, und das ist die Liebe füreinander. Sie verlässt uns nie, sie ist wie eine Brücke, die uns immer wieder zusammenführt. Wirst du ihr das sagen? Ich möchte, dass sie weiß, dass die Liebe, die wir miteinander geteilt haben, wichtiger war als alles andere auf der Welt.«

Ich spürte, wie mich wieder meine Gefühle zu übermannen drohten. »Ich verspreche es dir.«

»Und sag ihr bitte auch, dass sie sich keine Sorgen machen soll. Ich habe das starke Gefühl, dass sie dabei ist, eine wunderbare Frau zu werden.«

»Da hast du ganz recht«, erwiderte ich. »Du kannst dir nicht vorstellen, was sie inzwischen alles aus ihrem Leben macht, obwohl das Geständnis dieses Mannes sie noch einmal mächtig zurückgeworfen hat. Es war ein Schlag für uns alle, selbst wenn es zugleich guttat zu hören, dass es Fortschritte in den Ermittlungen gab. Ich wünschte, du könntest uns mehr zu dem sagen, was an jenem Abend vorgefallen ist.«

»Du musst wissen, dass ich mich an nichts davon erinnere«, sagte sie mit einem so offenen und klaren Blick, dass mein Wunsch wie von selbst verschwand. »Auf dieser Seite des Schleiers spielen alle diese Dinge keine Rolle, deshalb halte ich nicht daran fest. Ich weiß nur, dass wir am Ende alle unschuldig sind, besonders in Gottes Augen, und das zu verstehen fällt den Menschen am allerschwersten. Manche wollen an einen Gott glauben, der uns für unsere Fehler verurteilt und bestraft. Dabei sieht Gott in Wahrheit darüber hinweg und nimmt uns als die wahr, die wir wirklich sind, und nicht als die, die wir zu sein vorgeben.«

»Du redest so, als würdest du den Mann kennen.«

»Den Mann? Was wäre, wenn ich dir sagen würde, dass Gott eine mexikanische Frau ist, die dir die beste und wärmste Umarmung im ganzen Universum schenkt? Du würdest dich wundern, glaub mir.«

»Darüber hab ich überhaupt noch nie nachgedacht«, sagte ich zu ihr. »Du kannst mir Dinge über den Himmel und über Gott erzählen, die sonst keiner weiß. Wie ist das, und wie lebst du, wenn du auf der anderen Seite bist?«

»Ich will dir nur eines sagen«, erwiderte sie, während sie näher an mich heranrückte. »Es ist anders als alles, was du dir vorstellen oder worauf du hoffen könntest. Abgesehen davon gibt es dafür keine Worte. Sie könnten es nicht einmal annähernd beschreiben.«

»Aber du hast gesagt, dass wir hier gerade in einer Art Raum zwischen den Welten sind. Was sollte mich davon abhalten, dir zu folgen und vor der Zeit in den Himmel zu gehen?«

»Was ich dir gerade zu vermitteln versuche, ist, dass du immer im Himmel bist«, erklärte sie. »Der Himmel ist die ganze Zeit um uns herum. Die Frage ist nur: Sind wir bereit, die Augen zu öffnen und ihn zu sehen?«

Sie hielt inne und schaute mich an, als erwartete sie eine Antwort. Langsam fing ich an zu verstehen, was sie sagte, aber ich hatte Angst, von mir aus weiterzudenken. Es war einfacher abzuwarten und kein Risiko einzugehen.

»Warum sprichst du nicht weiter?«, fragte ich sie. »Ich weiß wirklich nicht, was ich sagen soll.«

»Du weißt es schon, du hast nur Angst davor, es auszusprechen. Und ich verstehe auch, warum... Tatsächlich ist das zu einem großen Teil der Grund, aus dem du hergekommen bist. Du bist hier, weil es leichter für dich ist, an deinem Schmerz festzuhalten, als deine Wunden heilen zu lassen... und weiterzuleben. Es ist leichter zu trauern, als zu verstehen, dass alles, was geschieht, einen Grund hat und dass ich in Wahrheit die Art meines Todes selbst gewählt habe. Und weil du diese Dinge nicht sehen kannst, ist es auch leichter, an deiner Wut festzuhalten. Vorhin sagtest du, dir sei alles wieder hochgekommen, weil endlich jemand den Mord an mir gestanden hätte. Dann ging dir die Straße nicht mehr aus dem Sinn, auf der du, Angela und Heather fast verunglückt wärt. Du musstest noch einmal herkommen, weil es hier Antworten für dich geben würde, selbst wenn du sie am Fuß dieses Felsens finden solltest.«

»Dann stimmt es also... es war wirklich mein Wagen am Fuß des Felsens?«

»Es gibt ein paar Orte auf dieser Erde, an denen die Grenzen, die die verschiedenen Welten normalerweise auseinanderhalten, zu verschwimmen beginnen, so dass diese Welten tatsächlich miteinander in Berührung kommen. Hier ist einer dieser Orte. Normalerweise sind diese Grenzen sehr klar umrissen, so dass sich die Welten nie überschneiden, aber ab und zu finden wir einen Ort, wo Möglichkeiten zu Werkzeugen des Lernens werden. Das ist dir jetzt geschehen. Auf einer Zeitachse seid ihr zwölf Zentimeter weitergerutscht, so dass der Wagen in den Abgrund gestürzt ist. Ihr seid alle in jener Nacht gestorben und jetzt im Himmel, um neue und ganz erstaunliche Lektionen zu lernen. Aber es gab noch einen anderen Aspekt von euch, nämlich den Teil, der gerade noch rechtzeitig angehalten hat. Ihr seid an den Abgrund herangefahren, aber nicht abgestürzt und habt euer Leben auf der physischen Ebene fortgeführt. Ihr habt euch entschieden, euch nur an diesen Teil von euch zu erinnern. Es gibt einen Grund dafür, warum das so ist, und das gilt es für dich zu verstehen… warum du immer noch hier bist und nicht in diesem Auto.«

»Ich bin hier, weil ich mit dir zusammen sein will«, sagte ich. »Du hast keine Vorstellung davon, wie schwer es für mich gewesen ist zu wissen, dass wir nie wieder zusammen sein würden, und mit deinem schrecklichen Tod umzugehen. Ich will hier nicht mehr fort. Warum kann ich, wenn das hier der Himmel ist, nicht einfach bleiben und für immer mit dir zusammen sein?«

»Weil du noch nicht bereit dafür bist«, erklärte sie. Ihr Gesicht verzog sich kurz zu einem breiteren Lächeln, als hätte sie ein Gedanke gestreift, dann kehrte der Ausdruck der weisen Frau wieder auf ihr Gesicht zurück, der jetzt so selbstverständlich zu ihr gehörte. »Du bist nicht so gestorben wie ich, für dich ist es noch nicht an der Zeit hierzubleiben. Du hast noch Arbeit vor dir. Und du kannst sie nur zu Ende bringen, wenn du die Lektion lernst, für die du hergekommen bist.«

»Ich bin also ganz sicher noch am Leben?«, fragte ich.

»Oh, ich garantiere dir, dass du sogar noch sehr am Leben bist. Ich im Übrigen auch. Es ist so leicht zu denken, unsere Körper würden definieren, was es heißt, lebendig oder tot zu sein. Wenn du atmest und herumläufst, dann musst du am Leben sein, und wenn du steif wirst und das Blut aufhört, durch deine Venen gepumpt zu werden, dann musst du tot sein. Stimmt's? Und wenn es in Wirklichkeit ganz anders wäre? Du bist jetzt in diesem Moment hier mit mir zusammen, und soweit du es beurteilen kannst, bin ich lebendig. Und du bist ebenfalls lebendig für mich. Damit will ich nur sagen, dass Lebendigsein nicht von deinem Körper abhängt, sondern von deiner Seele.«

»Du wiederholst immer wieder, dass es etwas gibt, was ich lernen soll, bevor ich diesen Ort verlassen kann. Das macht es mir ziemlich leicht: Ich werde einfach nichts lernen, denn dann kann ich hierbleiben.«

Linda warf den Kopf zurück und lachte auf ihre mir sehr vertraute Weise laut los. »Wie ich sehe, wird es nicht ganz leicht werden«, sagte sie. »Ich wünschte, es wäre so einfach, denn ich fände es schön, wenn du bleiben würdest. Du bist wirklich witzig, aber deinen Weg in den Himmel kannst du dir nicht erschummeln. Da ist es egal, wie witzig du bist, auch wenn es wirklich eine nette Abwechslung wäre. Die meisten Leute hier sind zu ernst. Sie sind nicht etwa trübsinnig, aber der Himmel sollte doch ein fröhlicher Ort sein, und die meisten Leute, die ich kenne, lachen nicht genug.«

»Ich kann bleiben und ein bisschen behilflich sein dabei, die Stimmung zu heben.«

»Das wäre großartig, aber es geht nicht. Du musst die Lektion lernen, für die du hergekommen bist, und dann zurück zu Angela gehen. Sie braucht dich noch.«

»Kannst du mir sagen, was für eine Lektion ich lernen muss?«

»Schön wär's, aber das musst du selber herausfinden. Ich sage dir nur, dass es die Lektion ist, die wir alle lernen müssen. Die Details und Gründe mögen unterschiedlich sein, aber letztlich ist die Lektion ein und dieselbe.«

Plötzlich merkte ich, dass die Band aufgehört hatte zu spielen. Die Lichter wurden ausgeschaltet, und die meisten Leute waren dabei, die Scheune durch eine Hintertür zu verlassen. Ein helles Licht drang durch die Tür, als hielte jemand die Scheinwerfer eines LKW direkt darauf gerichtet. Linda sah sich um, dann wandte sie sich wieder mir zu.

»Ich muss jetzt gehen, aber es hat mir wirklich Freude gemacht, mir dir zu sprechen.«

Plötzlich begann mein Herz zu rasen, als hätte ich gerade einen Kurzsprint hinter mir. »Linda, warte, du kannst jetzt nicht einfach hier weg. Ich möchte nicht ohne dich gehen.«

»Ich sage ja nicht, dass ich für immer gehe«, erwiderte sie lächelnd. »Ich muss nur jetzt fort. Wir können immer nur eine Weile herkommen, dann müssen wir wieder zurück.«

»Warum kann ich nicht mit dir kommen?«, fragte ich in der Hoffnung, sie würde ihre Meinung ändern.

»Du kannst noch nicht durch diese Tür dort gehen«, erklärte sie und schaute wieder all den Leuten hinterher, die in das gleißende Licht hineingingen. »Eines Tages, aber nicht jetzt. Ich sehe dich morgen wieder hier. Wir haben noch so vieles zu bereden.«

Linda wandte sich ab und ging auf die anderen zu. Auf halbem Weg zur Tür drehte sie sich zu mir um. Sie hatte einen Ausdruck im Gesicht, den ich bisher noch nicht gesehen hatte.

»Wie geht es ihr?«, fragte sie. »Wie geht es meiner Tochter? Ich glaube, ich kann mich an sie erinnern, und das ist wirklich ungewöhnlich. Normalerweise können wir uns kaum an Details aus unseren Leben erinnern, aber ich glaube, ich habe ihr Gesicht vor Augen.« Dann hielt sie inne und schaute zur Decke, als fühlte sie gerade sehr tief in sich hinein. »Ich muss sie sehr geliebt haben.«

Mir schossen die Tränen aus den Augen. »Ja, du hast sie sehr geliebt…, und sie hat dich geliebt. Du wärst stolz auf deine Tochter.«

»Ich bin sehr stolz auf sie, und auf dich bin ich auch stolz.« Dann lächelte sie. »Wir sehen uns morgen, in Ordnung?«

»Ja. Bis morgen.«

Sekunden später war sie durch die Tür verschwunden. Plötzlich lag die Scheune im Dunkeln, und ich merkte, dass Richard gleich hinter mir stand.

»Komm, Jimmy, wir sollten jetzt lieber auch gehen.«

Ich folgte ihm zur gegenüberliegenden Tür, die uns zurück in eine Welt brachte, von der ich nun gar nichts mehr verstand.

Kapitel 12

Richard und ich liefen den vom Vollmond beschienenen Weg hinunter, der am Fluss entlang führte. Er schlug vor, erst bei ihm zu Hause über das Geschehene zu sprechen. Ich hatte also noch mindestens eine Viertelstunde Zeit, um zu begreifen, was gerade passiert war. Im Moment war ich wie betäubt und völlig außerstande dazu. Mehr als eine Stunde lang hatte ich mich mit einer Frau unterhalten, von der ich gedacht hatte, dass ich sie nie mehr wiedersehen würde, und noch dazu hatte es sich völlig natürlich angefühlt. Wir hatten uns irgendwie zwischen Himmel und Erde gefunden, als wäre die Scheune der einzige Ort auf der Welt, an dem Träume wirklich wahr werden. Aber was würde ich mit dieser Erfahrung anfangen? Es war unmöglich, irgendjemanden anzurufen, hier gab es keinen Satellitenempfang. Und selbst wenn, was hätte ich schon sagen können? Hätte ich Angela angerufen, um ihr zu sagen, dass ich ihre Mutter gesehen hatte, die sich kaum an sie erinnern konnte? Ich beschloss, einfach abzuwarten, was als

Nächstes geschehen würde. Schließlich gab es ja noch morgen.

Von fern her konnte ich die matten Lichter in Richards Wohnung erkennen, und schon lange, bevor wir ankamen, stieg mir der Geruch nach brennendem Holz in die Nase. Richard, der vor mir herging, schien fast zu schweben, aber vielleicht war das auch bloße Einbildung. Wer war er eigentlich, und welche Rolle spielte er in diesem erstaunlichen Drama? Seine Präsenz war stark und solide, und mit jedem Wort, das er sprach, strahlte er eine tiefe Geduld aus. Seine Stimme war wie warmer Brandy, der mir langsam durch das Bewusstsein und durch den Geist rann. Im Laufe meines Lebens war ich schon vielen spirituellen Lehrern und Führern begegnet, aber obwohl ich ihn erst so kurz kannte, schien mir Richard ein ganzes Stück über ihnen zu stehen. Er brauchte keine Bücher oder Titel, um sich Glaubwürdigkeit zu verschaffen. Sein Herz schien auszureichen, genau wie die Weisheit, die er so mühelos ausstrahlte.

»Komm rein und ruh dich aus«, sagte er und öffnete die Haustür. »Ich weiß, dass du viele Fragen zu dem hast, was heute Abend passiert ist, und ich will sie dir gern, so gut es geht, beantworten. Aber zuerst sollten wir etwas essen, um uns ein bisschen zu erden.«

»Warum hast du mich gebeten, auf dem Weg hierher nichts zu sagen?«, fragte ich ihn.

Er war schon fast in der Küche und rief mir über die Schulter zu: »Weil man nie wissen kann, wer sonst noch mithört.« Seinem ernsten Tonfall und seinem Gesichtsausdruck nach zu urteilen, schien er es tatsächlich ernst zu meinen. »Du wirst schon gemerkt haben, dass dieser Wald etwas sehr Besonderes ist. Hier geschehen Dinge, die anderswo nicht vorkommen.« Er griff nach oben und zog eine Flasche Wein aus einer Ablage in der Ecke. »Den mache ich selbst, deshalb hat er kein Etikett. Er ist ein bisschen wie der Wald: unvorhersehbar und geheimnisvoll. Ich hoffe, du magst ihn.«

»Erzähl mir mehr über den Wald«, sagte ich und setzte mich auf einen Stuhl. »Der Mann im Hotel sagte mir, die Gegend hier sei heilig, aber ich weiß nicht, wie ernst er das meinte.«

»Ich denke, das trifft es ziemlich gut«, sagte Richard, während er den Korken zog. »Es gibt nur wenige Gebiete auf der Welt, wo solche Dinge passieren. Wo die eine Welt aufhört und die andere beginnt, lässt sich schwer sagen, die Grenze dazwischen ist hier nur wie eine Falte in ein und demselben Stück Stoff.« Er goss sich ein bisschen Rotwein ins Glas und kostete. »Gar nicht schlecht... Möchtest du?«

»Ja, gern. Du sagst also, dass dies einer der Orte ist, an denen die Welten aufeinandertreffen. Gilt das für den ganzen Wald?«

»Nein«, antwortete er und goss mir ein Glas ein. »Das ganze Gebiet ist wichtig und mystisch, aber nur an einer einzigen Stelle vermischen sich die Welten.«

»In der Scheune.«

»Genau.« Wir stießen miteinander an. »Die Scheune habe ich vor etwa zehn Jahren gebaut, als ich gerade hergekommen war. Ich hatte nach einem Weg gesucht, das Phänomen einzugrenzen und, wenn möglich, irgendwie zu schützen. Bis dahin war alles im Freien passiert, und die Indianer hatten das Gebiet gemieden. Es war zu schwer für sie zu verstehen, und über viele Jahre durften nur die heiligen Männer des Stammes herkommen. Natürlich änderte sich das mit der Zeit, und als ich eines Tages am Bach spazieren ging, sah ich etwas, was ich nicht verstand. Aber es dauerte nicht lange, bis ich begriff, und seitdem bin ich hier geblieben.«

»Es gibt also weder eine Stadt noch ein Dorf in der Nähe, wo alle diese Menschen wohnen?«, vergewisserte ich mich.

»Nicht im traditionellen Sinne. Aber manchmal kommt es einem so vor. Die Scheune ist ein Treffpunkt, wo sich die Menschen so fühlen können wie früher. Manche kommen jeden Abend, andere nur ein Mal. Linda habe ich heute zum ersten Mal gesehen, sie muss also gewusst haben…«

»…dass ich da sein würde?«

»Ja, irgendwie scheint es so vorherbestimmt gewesen zu sein«, fuhr er fort. »Du hast gesagt, dass diese Gegend dich nicht mehr losgelassen hat, weil du hier fast gestorben wärst. Sie hat dich hergerufen. Irgendwie hast du gewusst, dass hier etwas geschehen würde.«

»Was mich zu einer weiteren wichtigen Frage führt«, sagte ich. »Was ist mit dem BMW am Fuß des Felsens? Linda sagte, wir hätten in dem Moment eine Entscheidung getroffen, auf einer Zeitschiene seien wir nicht in den Abgrund gestürzt, während es auf einer anderen geschehen sei. Ergibt das für dich irgendeinen Sinn?«

»Bevor ich antworte, musst du mir von dem BMW erzählen. Du hast mir noch nichts davon gesagt.«

Ich hatte vergessen, dass ich den Wagen in unserem ersten Gespräch bewusst nicht erwähnt hatte, und holte dies nun in wenigen Minuten nach. Das Einzige, was ich sicher sagen konnte, war, dass der Wagen meinem sehr ähnelte, während Linda der Meinung zu sein schien, dass es meiner war, eine wirkliche Antwort auf das Rätsel hatte ich jedoch nicht.

»Linda hat dir also die ganze Theorie von den multiplen Universen erklärt?«, fragte er. »Das wundert mich nicht. Jetzt kommt auch die Quantenwissenschaft darauf. Für moderne Physiker mag das neu sein, den Mystikern dagegen ist es längst bekannt.«

»Willst du damit sagen, dass du glaubst, es handelt sich um mein Auto?«, fragte ich. »Aber wie kann ich es gesehen haben, wenn es auf einer anderen Zeitschiene oder in einem anderen Quantenfeld existiert?«

»Du hast bereits erlebt, dass normale Gesetze hier nicht greifen«, sagte Richard, während er im Schrank nach etwas Essbarem suchte. »Dies ist ein sehr ungewöhnliches Gebiet, und zwar nicht nur dort, wo die

Scheune steht, sondern überall um uns herum. Wenn Linda es gesagt hat, würde ich ihr glauben.« Dann hörte er einen Moment auf zu kramen und sah mich an. »Allerdings muss ich zugeben, dass ich am Fuss des Felsens nie einen BMW gesehen habe.«

»Er war genau an der Stelle, wo wir vor drei Jahren fast abgestürzt wären. Dasselbe Modell, dieselbe Farbe, dasselbe Baujahr. Es schien wirklich mein Wagen zu sein, selbst wenn ich mir nicht absolut sicher sein kann.«

»Wie ich schon sagte, gesehen hab ich ihn nie. Aber das heißt nicht, dass er nicht da ist.«

»Du meinst also, dass meine Fixierung auf diese Gegend den Sinn hatte, mich dazu zu bringen, wieder herzukommen«, sagte ich. »Aber wie kann das alles sein?«

»Jimmy, du versuchst, etwas mit dem Verstand zu erfassen, was du nur mit dem Herzen verstehen kannst. Dein Verstand wird es nie begreifen können, das hast du selbst schon gesagt. Dabei sind manchmal Dinge, die auf der Ebene des Intellekts unmöglich scheinen, in Wahrheit ganz einfach. Ich wünschte, ich könnte dir erklären, wie das alles funktioniert, aber das geht nicht. Ich bin jetzt seit zehn Jahren hier und habe Dinge gesehen, die nur wenige Menschen glauben würden. Wenn ich versuchen wollte, das alles zu kapieren, würde ich verrückt werden. Stattdessen akzeptiere ich, dass der Ort speziell ist und dass er mir einen Blick auf das erlaubt, was man normalerweise nur auf der anderen Seite sieht. Was für eine Ehre, Zeuge davon sein zu dürfen! Das haben nur wenige mit mir geteilt.«

»Dann hat es schon andere gegeben, die mit dir zur Scheune gegangen sind?«, fragte ich.

»Ein paar... Menschen wie dich, die den Ort von selbst gefunden haben, weil sie etwas zu lernen hatten. Denn das ist das Einzige, was ich dir sagen kann und was für alle stimmte... Es gab etwas für sie zu lernen. Sobald du herausgefunden hast, worum es für dich geht, wird deine Fixierung verschwinden.«

»Warum sollte ich wollen, dass das aufhört? Ich überlege schon, ob ich mir nicht ein kleines Häuschen direkt neben deinem bauen kann und für immer herziehe. Denk doch mal nach... Das hier ist der einzige Ort, an dem ich immer noch mit Linda zusammen sein kann. Warum sollte ich von hier fort wollen?«

»Schön wär's, aber so läuft es nicht. Du kannst die Scheune nicht dazu verwenden, vor dem Leben davonzulaufen oder mit jemandem zusammen zu sein, der nicht mehr zu deiner Welt gehört. Eure Begegnung ist natürlich ein Geschenk, aber du kannst das nicht kontrollieren. Keiner weiß, was passiert, wenn du versuchst, es zu missbrauchen. Ich hab das nur ein Mal miterlebt.«

»Was meinst du damit?«, fragte ich. »Bitte erzähl mir mehr.«

»Vor ungefähr fünf Jahren kam eine Frau her, weil sie ihren Sohn bei einem Autounfall verloren hatte. Sie lebte in Ohio und verließ dann auf einer Reise, die sie etwa ein Jahr danach mit dem Auto Richtung Westen unternahm, genau wie du die Autobahn I-80. Als sie hier ankam, ließ sie ihren Wagen einfach irgendwo stehen und begann ohne die geringste Vorstellung davon, wohin sie eigentlich wollte, durch den Wald zu irren, wo ich sie erst nach drei Tagen fand. Sie hungerte und war schon fast erfroren, aber sie wusste, dass sie hier sein musste. Ich frage nie nach, wenn Gott jemanden herschickt. Ich denke mir einfach, dass ich es mit meinem begrenzten Verstand ohnehin nicht erfassen kann.

Jedenfalls kam sie zur Scheune und traf dort natürlich ihren Sohn. Es war wirklich wunderschön, genau wie bei dir mit Linda. Aber dann kam alles anders. Obwohl ihr nur die eine Begegnung zugedacht gewesen war, weigerte sie sich zu gehen. Jeden Abend kam sie zur Scheune, und als ihr Sohn dort nicht mehr erschien, schlug sie schrecklichen Krach. Ich hatte schon Angst, dass sie alles kaputt machen könnte, aber dann wurde ihr Auto gefunden, und ein Suchtrupp holte sie aus dem Wald. Man meinte, sie hätte sich verlaufen und sei unter der Belastung durchgedreht. Sie versuchte den Leuten zu erklären, was passiert war, aber man glaubte ihr nicht und hielt sie einfach für verrückt.

»Hat man auch dich oder die Scheune gefunden?«

»Zum Glück nicht«, antwortete er, »obwohl sie ganz nah dran waren.«

»Linda hat mir versprochen, dass sie morgen Abend wieder da sein wird«, bemerkte ich. »Ist das ungewöhnlich?«

»Nichts ist hier ungewöhnlich. Ich habe mich daran gewöhnt, alles, was geschieht, zu akzeptieren. Allerdings kommt es nur selten vor, dass Menschen diesen Ort finden... Vielleicht waren es in den zehn Jahren, seit ich hier bin, elf oder zwölf. Und dann war es immer wichtig. Ich kann wirklich sagen, dass jeder irgendetwas gelernt hat, bevor er wieder ging. Deshalb weiß ich, dass es dir genauso gehen wird.«

»Und ich nehme an, du weißt nicht, was genau ich lernen soll?«

»Nein. Und selbst wenn ich es wüsste, würde ich es dir nicht sagen. Du musst es selbst herausfinden, sonst wird es nicht auf dieselbe Weise integriert. Und die Tatsache, dass Linda dich gebeten hat zu bleiben, bedeutet schon eine Menge. Von denen, die vor dir hier waren, haben nur wenige mehr als ein Treffen bekommen. Das ist wirklich ein Geschenk.«

Richard hatte schon angefangen, eine Dosensuppe auf dem Gasherd zu erhitzen. Ich schaute mich um und sah, dass es keinen Kühlschrank gab und – abgesehen von dem Gasherd – auch keine sonstigen Haushaltsgeräte.

»Woher bekommst du Gas und Elektrizität?«, fragte ich. »Du bist zu weit abseits von der Zivilisation. Ich kann mir nicht vorstellen, dass sie extra für dich eine Leitung gelegt haben.«

»Haben sie auch nicht. Ab und zu fahre ich in die Stadt und hole mir, was ich benötige. Die Batterien werden solar geladen, und das Gas fülle ich einfach auf. Ich habe alles, was ich brauche, und komme hervorragend zurecht.«

»Und ich nehme an, du hast keine Freunde außer denen in der Scheune. Ist das nicht ein bisschen seltsam?«

»Ehrlich gesagt, nein. Es hat eine Weile gedauert, bis ich mich daran gewöhnt habe, aber dann wurde es ganz normal. Es ist nicht anders als jede sonstige Gemeinschaft von Freunden. Manche von ihnen kommen fast jeden Abend und bieten mir allen Kontakt, den ich brauche. Und dann gibt es die, die zum ersten Mal kommen, wie Linda. Manchmal kommen sie nur, um jemand ganz Spezifisches zu treffen wie dich, oder sie kommen und bleiben da. Ich denke, es macht sie wehmütig, und doch ist es immer anders.«

»Was meinst du damit?«, fragte ich.

»Das wirst du herausfinden. Ich will dir nicht alles verraten, sonst verderbe ich dir die Überraschung. Das willst du doch sicher nicht.«

»Ich weiß gar nicht, was ich darauf antworten soll.«

»Dann vertrau mir, ich werde dich nicht auf Abwege bringen. Egal, was morgen passiert, ich bin für dich da. Darauf kannst du dich verlassen.«

* * *

Am nächsten Morgen schien mir beim Aufwachen die Sonne direkt in die Augen, und ich sprang fröhlich aus dem Bett. Ich war kein bisschen verwirrt über den Ort oder den Grund meines Hierseins, obwohl das häufig vorkommt, wenn man viel unterwegs ist. Ich wusste, dass ich mich mitten in einer Bergschlucht befand, wo die Gesetze von Zeit und Raum nicht so funktionierten wie anderswo, und dass sich irgendwo nicht weit von hier eine Scheune befand, in der sich Menschen aus dem Himmel trafen, um miteinander *Line Dance* zu tanzen und feinen Chardonnay zu trinken. Es erstaunte mich überhaupt nicht, dass Linda sich mit einer so interessanten Gesellschaft zusammenfand, aber ich freute mich, als ich sah, dass sich ihr Weingeschmack definitiv gebessert hatte. Ich hatte sie oft mit dem roten Fusel aufgezogen, der sich immer bis zu einem Monat in ihrem Kühlschrank gehalten hatte, bevor die nächste Packung angebrochen wurde. Nach der Trauerfeier brachten wir ihre Asche nach Oregon und begruben sie in meinem kleinen Meditationszentrum außerhalb von Ashland. Angela und ein paar Freunde, die Linda auch gekannt hatten, waren dabei, und ich kaufte die billigste Flasche roten Zinfandel, die ich finden konnte. Wir tranken gemeinsam daraus und gossen ein wenig auf den Boden für sie. Sie hätte den Spaß zu würdigen gewusst.

Ich zog mich an und suchte nach Richard. Am Tag davor hatten wir uns kurz vor Einbruch der Dunkelheit kennengelernt, und ich fragte mich, was jemand wie er wohl mitten am Tag tat. Schließlich lag das, was ich hier erlebte, jenseits von allem, was mir normalerweise begegnete. Außerdem wollte ich natürlich wissen, wann wir wieder zur Scheune gehen würden. Mir schien wenig wahrscheinlich, dass sich das Phänomen nur abends zeigte, obwohl die Party ganz offensichtlich eine abendliche Angelegenheit war. Warum sollte es schließlich nicht auch Tagesaktionen geben wie eine »Himmlische Happy Hour« mit kleinen Snacks und Drinks zum halben Preis. Bei dem Gedanken musste ich lachen.

Da Richard nicht im Haus war, ging ich nach draußen und rief seinen Namen. Gleich darauf erschien er mit einem Armvoll Holzscheite zum Verfeuern.

»Hilf mir«, sagte er. »Hinter den Bäumen dort liegt noch ein ganzer Haufen. Da das Holz langsam knapp wurde, hab ich heute Morgen welches gesucht.«

Ich lud mir so viel Brennholz auf, wie ich konnte, und folgte ihm dann zur Rückseite des Hauses, wo ich es auf einen großen Haufen stapelte. Neben einem kleinen Schuppen sah ich eine große Axt und einen Holzbock, der Schuppen selbst war mit abgelagertem Holz gefüllt. Erstaunlich, wie gut ausgerüstet er auf diesem abgelegenen Fleckchen Erde war. Auch mir würde es leicht fallen hierzubleiben, vor allem, da ich ja wusste, wie viel interessante Gesellschaft er hatte.

»Ich wette, hier draußen wird es nie langweilig«, sagte ich zu ihm.

»Das kann man so sagen«, antwortete er und wischte sich die Stirn mit einem weißen Taschentuch ab, dass er dann wieder in die Tasche steckte. »Für jemanden, der hier, ohne eine lebende Seele in Sicht, allein auf weiter Flur im Wald lebt, hab ich ganz schön viele Freunde.«

Ich hatte das Wortspiel begriffen. Richards Freunde waren nicht lebendig, jedenfalls nicht im üblichen Sinne, und trotzdem führte er völlig normale Beziehungen. Viele der Leute kamen schon seit Jahren allabendlich zur Scheune. Als Richard hergekommen war und beschlossen hatte, eine Struktur herzustellen, in der sich das Phänomen manifestieren konnte, hatte er sie um Hilfe gebeten. Die Vorstellung, dass diese Männer, die so lange Leben hinter sich hatten, Nägel gehämmert und Bretter geschleppt haben sollten, fand ich sehr seltsam. Dann erinnerte ich mich jedoch an die letzte Nacht und daran, wie wirklich sie mir – und allen voran Linda – vorgekommen waren. Als sie meine Hand hielt, fühlte sich das nicht anders an als früher, vor ihrem Tod. Natürlich führte dieser Gedanke zu weiteren, noch verwirrenderen Überlegungen. Wie stand es um noch größere zwischenmenschliche Intimitäten? Ich fragte Richard bei der ersten Gelegenheit, die sich mir bot.

»Das ist eigentlich eine gute Frage«, antwortete er und schenkte mir eine Tasse Kaffee ein. »Ich kann nicht sagen, dass ich so etwas bislang beobachtet hätte, und zugleich... warum eigentlich nicht. Aber... du hast doch nicht gedacht...«

»Natürlich nicht«, sagte ich und spürte, wie mir das Blut in den Kopf stieg. »Ich würde nie an so was denken... jedenfalls nicht sofort oder ...«

»Am besten schlägst du dir den Gedanken gleich wieder aus dem Kopf. Ich sagte ja schon, dass du hier bist, um etwas zu lernen, und nicht, um eine alte Romanze wieder aufzuwärmen.«

»Vergiss meine Frage«, sagte ich verlegen. »Es ist alles so neu für mich, und ich will einfach die Regeln verstehen.«

»Ich glaube nicht, dass es davon so viele gibt«, fuhr er fort. »Das liegt in der Natur dieses Ortes, oder? Er trotzt allem, was passieren oder nicht passieren sollte. Ich glaube nicht, dass es mehr als einen oder zwei Orte auf der Welt gibt, wo das geschieht. Das System war ursprünglich dafür gemacht, diese Welt hier zu halten und die andere dort, wo sie hingehört. Meine Vermutung ist allerdings, dass die wahre Lektion darin besteht zu begreifen, dass sie letzten Endes zusammengehören.«

»Sie scheinen ausgerechnet an dem Ort aufeinanderzuprallen, wo ich zufällig fast gestorben wäre«, sagte ich. »Mir kommt es so vor, als hätte ich in der Lotterie gewonnen.«

Kapitel 13

Mit dem letzten hellen Streifen am Himmel machten wir uns auf den Weg zur Scheune. Als wir ankamen, lag der ganze Wald bereits im Dunkeln. Ich konnte schon aus einiger Entfernung Musik hören, wunderte mich jedoch, dass es nicht wieder Country-Musik war wie am Abend davor. Ich war mir zwar nicht ganz sicher, solange wir noch ein Stück entfernt waren, aber es klang ganz nach Klassik.

»Ich muss dir noch was sagen, bevor wir reingehen«, sagte Richard. »Bitte erwarte nicht wieder dasselbe wie gestern. Nur selten wiederholt sich hier etwas.«

»Was meinst du damit?« fragte ich, aber da öffnete er schon die Tür.

Zuerst war ich betroffen von den Klängen: einem leisen Klirren von Tellern, einem ebenso leisen Stimmengewirr und darüber der Musik eines Streichquartetts, das ich in einer Ecke des Saals entdeckte. Als ich eintrat, war ich vollkommen schockiert: Ein schickes Restaurant hatte die Tanzparty ersetzt, vier Kristallleuchter hingen von der Decke herunter, und eine Marmortreppe führte in den höher gelegenen Speisesaal. In einer Bar am Ende des großen Raums sammelten sich lauter Herren in feinen Smokings, die lange Zigarren rauchten, lachten und sich in kleinen Gruppen unterhielten. Als ich zu der Tür hinüberschaute, durch die Linda und die anderen am Vorabend verschwunden waren, sah ich unaufhörlich fein gekleidete Paare und einzelne Leute in einer Schlangenlinie hereinströmen. Ein Oberkellner geleitete sie jeweils in Paaren zu ihren Tischen.

In der Hoffnung, Linda zu sehen, schaute ich mich um, aber sie schien nicht da zu sein. Ich wandte mich Richard zu. »Was ist hier los? Wo ist die Tanzparty geblieben?«

»Nichts bleibt gleich, wie ich schon sagte. Einmal ist es eine Tanzparty, dann wieder... na ja, das siehst du selbst. Das ist das Schöne an diesem Ort... Man weiß nie, was als Nächstes kommt. Jetzt verstehst du bestimmt, warum ich mich hier draußen nie langweile.«

»Ich sehe Linda nirgendwo«, sagte ich. »Was soll ich tun?«

»Wenn sie gesagt hat, dass sie kommt, dann kommt sie auch. Ich schlage vor, du gehst ein bisschen herum und amüsierst dich.« Dann schaute er stirnrunzelnd auf mein T-Shirt und meine Jeans herunter. »Du bist zwar nicht angemessen gekleidet, aber es wird schon so gehen. Der Oberkellner ist ein Freund von mir.«

Richard setzte sich an einen Tisch mit lauter Leuten, die ihn offensichtlich kannten. Eine der Frauen stand auf und gab ihm einen Kuss auf die Wange, ein Mann streckte ihm begeistert die Hand hin. Ich drehte mich um und beschloss, mich langsam in den hinteren Teil des Raums zu begeben und Linda entgegenzugehen. Es waren mindestens zweihundert Leute da, und mit jeder Minute wurden es mehr. Die Struktur der Scheune in ihren Details war kaum noch erkennbar, aber als ich mir die Wände genauer ansah, bemerkte ich, dass sie dieselbe raue Oberfläche besaßen. Der Rest des Raums war elegant und gut dekoriert.

Ich hatte schon fast das andere Ende des Saals erreicht, da spürte ich, wie mich jemand am Arm zog.

»Hallo«, sagte eine Frau, die an einem der Tische saß. »Erinnern Sie sich an mich? Ich habe gestern Drinks serviert. Sie waren mit Ihrer Frau hier.«

»Ja. Nett, Sie wiederzusehen. Ich hielt gerade nach ihr Ausschau. Haben Sie sie zufällig gesehen?«

»Oh, ich bin sicher, sie wird bald kommen. Warum setzen Sie sich nicht so lange zu uns? Ich werde mich gern mit nach ihr umschauen, während wir uns unterhalten.«

Ich setzte mich auf einen freien Stuhl und schaute die anderen am Tisch an, die gerade ihre Vorspeisen aßen und Wein dazu tranken. Drei von ihnen waren um die fünfzig, die anderen fünf jedoch höchstens dreißig Jahre alt. Die Frau, die ich am Vorabend getroffen hatte und die Martha hieß, war mindestens sechzig Jahre alt und fiel damit am Tisch aus der Reihe. Ich schloss daraus, dass jeder die Fähigkeit hatte, sein Alter zu wählen, und dass sich die meisten am liebsten jung und dynamisch präsentierten. Dann zog ich die Möglichkeit in Betracht, dass es vielleicht auch mit dem Alter zu tun hatte, in dem sie während ihres Lebens am glücklichsten gewesen waren. Dieser Gedanke war mir gerade erst gekommen, als Martha sich zu mir hinüberlehnte und mir ins Ohr flüsterte:

»Das kommt der Wahrheit schon näher«, sagte sie. »Mit fünfzig habe ich noch einmal geheiratet und bin glücklicher gewesen als je zuvor. Er heißt Marcus, und er lebt immer noch auf Ihrer Seite in Beaverton. Es wird nicht mehr lange dauern, bis er zu uns herüberkommt und ich ihn wiedersehe. Bis dahin kann ich mir die Zeit hier in dieser wunderbaren Scheune vertreiben.«

»Ich bin ein bisschen verwirrt«, erwiderte ich. »Sie erinnern sich an Ihren Mann? Ich dachte, Sie wären nicht in der Lage, Erinnerungen von der einen zur anderen Seite mitzunehmen. Das hat mir Linda jedenfalls gesagt.«

»Das stimmt auch meistens, aber mitunter können wir uns doch etwas zusammenreimen, und dann kommen ein paar Erinnerungen. Eigentlich habe ich mich gefragt, ob Sie wohl eine Nachricht für ihn mitnehmen könnten... und ihm sagen, dass ich hier auf ihn warte.«

»Ich bin mir nicht sicher, ob ich das kann, um Ihnen die Wahrheit zu sagen. Würde das nicht gegen irgendeine Regel verstoßen?«

»Oh, es gibt keine Regeln«, sagte sie lachend. »Keiner hätte etwas dagegen.«

»Ich hätte etwas dagegen«, sagte ein Mann, der uns gegenüber saß. Er war groß, hatte schwarzes, zurückgekämmtes und gegeltes Haar und unsere Unterhaltung offensichtlich mitverfolgt. »Nur weil du in der Lage bist, dich zu erinnern, hast du nicht das Recht, Nachrichten zu übersenden. Es gibt Gründe, warum wir uns nicht an das erinnern können, was geschah oder mit wem wir zusammen waren, bevor wir starben. Die Menschen müssen ihren Weg in ihrer eigenen Zeit hierher finden. Wenn du ihm eine Nachricht mitgibst, kann das hier Störungen hervorrufen. Möchtest du das?«

»Oh Henry, du übertreibst«, antwortete ihm Martha. »Es wird niemandem schaden, wenn ich ihm eine kleine Nachricht schicke. Ich werde ja keine Geheimnisse preisgeben.«

»Und was ist, wenn er herkommt, um nach dir zu suchen?«, mischte sich plötzlich noch jemand ein. »Was ist, wenn dieser nette junge Mann ihm von der Scheune erzählt, und du bist an dem betreffenden Abend nicht hier? Dann müssen wir uns mit ihm auseinandersetzen, nicht du. Keiner kommt her, es sei denn, er wird hergeführt. So funktioniert es, und das weißt du ganz genau.«

Es war merkwürdig, von jemand, der halb so alt war wie ich, als *netter junger Mann* bezeichnet zu werden. Der Mann, der gerade gesprochen hatte, war vielleicht fünfundzwanzig, aber ich schätzte, dass er bei seinem

Tod sehr viel älter gewesen sein musste. Ich sprach ihn direkt an: »Wer führt uns denn her… ist es Gott?«

»Sie reden so, als wäre Gott dieser Typ, der irgendwo hoch oben auf einer Wolke sitzt und den Leuten sagt, was sie zu tun haben«, antwortete er. »So läuft es aber überhaupt nicht. Natürlich ist es Gott, aber schließlich ist alles Gott. Wenn Sie den Impuls haben, mit jemand Bestimmtem zu reden, oder wenn Sie sich irgendwohin geführt fühlen, wo Sie noch nie waren, dann ist das Gott. Aber was Martha da tut, ist etwas anderes. Sie will ihren Mann für ihre eigenen und nicht für Gottes Zwecke herholen.«

»Und woran erkennst du den Unterschied?«, wandte sie, offensichtlich aufgebracht, ein. »Warum sollte mir nicht Gott gesagt haben, dass ich diesen netten Mann ansprechen soll, damit er die Nachricht weiterleitet? Wie willst du das wissen?«

»Ich habe eine Idee«, sagte ich, um die erhitzten Gemüter zu beruhigen. »Ich werde darüber nachdenken, und wenn ich das Gefühl habe, ich soll etwas unternehmen, werde ich es Sie wissen lassen. Auf diese Weise sind nicht Sie es, sondern ich bin derjenige, der seiner Eingebung folgt.«

»Das scheint mir die perfekte Lösung«, erwiderte Martha erleichtert. »Wenn es sich für Sie stimmig anfühlt, lassen Sie es mich wissen, dann gebe ich Ihnen seine Adresse. Er ist ein sehr netter Mann, und Sie würden ihn bestimmt sehr mögen.«

In diesem Augenblick schaute ich zu der Tür hinüber, durch die die Menschen von der anderen Seite hereinkamen, und da stand sie und sah mich an. Ihr langer weißer Rock strich über den Boden, das Licht hinter ihr umrahmte ihre Silhouette und ließ sie fast wie einen Engel erscheinen. Sie hielt eine kleine weiße Handtasche mit eingelassenen Perlen im Silbergriff in der einen Hand, und ein einzelner schmaler Zopf schmiegte sich an ihr zartes Gesicht. Sie sah aus wie damals, als ich sie in der Wohnung ihrer Schwester zum ersten Mal gesehen und mich auf Anhieb verliebt hatte. Damals hatte ich sofort gewusst, dass ich sie heiraten und dass sie die bedeutendste Frau meines Lebens sein würde. Und nun stand ich hier, fünfundzwanzig Jahre später, auf der anderen Seite des Himmels, und schaute ihr zu, wie sie als der Inbegriff von Eleganz und Schönheit den Raum betrat und ganz genau so aussah wie an jenem ersten Abend.

Ich entschuldigte mich und ging ihr entgegen. Linda bewegte sich nicht und ließ mich nicht aus den Augen. Mir war, als würde ich schweben. Sie streckte ihre Hand aus und trat einen Schritt auf mich zu.

»Wie schön, dich wiederzusehen«, sagte sie. »Es tut mir leid, dass ich so spät komme, aber… na ja, es ist ein wenig schwer zu erklären.«

»Du brauchst nichts zu erklären. Ich bin einfach froh, dass du da bist.«

»Guten Abend, liebe Freunde.« Der Oberkellner stand mit zwei Speisekarten neben uns. »Ein gemeinsamer Freund hat mir gesagt, dass dies ein sehr besonderer Abend für Sie ist und ob ich einen Einzeltisch für Sie habe, an dem Sie leise miteinander sprechen und innige Blicke tauschen können.« Die letzten Worte hatte er mit einer Stimme gesagt, die an Peter Lorre[2] in *Casablanca* erinnerte. Ich schaute mich um und sah, wie Richard sein Glas auf uns erhob.

»Ja, das wäre großartig«, erwiderte ich. »Linda, ist dir das recht?«

»Genau darauf habe ich gehofft«, bemerkte sie und schaute mich weiter unentwegt an. »Es gibt so viel, worüber ich mit dir reden möchte... Ein Einzeltisch ist wunderbar.«

»Dann folgen Sie mir bitte«, sagte der Oberkellner und führte uns an den anderen Tischen vorbei, bis wir fast am hintersten Ende des Saals angelangt waren. Hier gab es nur vier kleine Tische mit Gedecken für zwei, von denen bisher keiner besetzt war. Der Kellner rückte für Linda den Stuhl zurecht und half ihr, sich zu setzen, während ich mich ebenfalls niederließ. Dann reichte er uns die Karten, verbeugte sich leicht und ging davon.

»Es ist wirklich wunderschön hier.« Linda beugte sich zu mir vor, so dass nur ich sie hören konnte. »Ich wünschte, ich hätte schon früher von der Scheune ge-

---

2 gemeint ist Lorres Rolle des Italieners Ugarte in »Casablanca«

wusst. Mir scheint fast, man sollte das nicht weitersagen, damit es hier nicht zu voll wird.«

»Ist das denn möglich?«, fragte ich. »Läuft es im Himmel etwa so wie hier bei uns?«

»Na ja, in mancher Hinsicht… ja. Es gibt viele Seelen, die furchtbar gern herkämen, um sich so zu fühlen wie früher. Wir haben doch alle Erinnerungen an unsere glücklichsten Zeiten auf der Erde, und an diesem Ort können wir sie noch einmal nacherleben. Schau dich um… ist es nicht erstaunlich, wie glücklich hier alle sind? Das hat damit zu tun, dass dieser Ort so ungewöhnlich ist. Deshalb wird dafür nicht gerade geworben, falls du verstehst, was ich meine.«

»Ich werde es dir einfach glauben müssen«, erwiderte ich und wünschte, ich wüsste tatsächlich, was sie meinte. »Ich weiß nur, dass ich sehr glücklich darüber bin, dass wir hier sind. Es klingt zwar fast belanglos, aber andere Worte habe ich nicht für meine Gefühle. Ich nehme an, seit gestern Abend gewöhne ich mich langsam daran, dass es tatsächlich einen Ort zwischen Himmel und Erde gibt, an dem Wunder wie dieses geschehen. Am liebsten würde ich einfach hierbleiben und immer mit dir sprechen.«

»Du wirst so lange in der Lage sein hierzubleiben, wie es für dich bestimmt ist«, sagte sie und lehnte sich wieder zurück. »Ich wünschte, ich könnte dir mehr versprechen, aber so läuft es eben. Es ist schon ein großes Geschenk, wenn man überhaupt herkommen darf. Du musst zurück in dein Leben und noch so viel tun, bevor du dann wieder zurückkommst. Und dann – wer weiß? Vielleicht wirst du auch hier in der Scheune herumhängen wie wir.«

»Hast du irgendeine Ahnung, was ich noch genau tun soll?«, fragte ich in der Hoffnung, das Leben im Himmel habe ihr hellseherische Fähigkeiten verliehen.

»Ja«, sagte sie und beugte sich wieder zu mir vor. »Du wirst eine Maschine entwickeln, mit der die Menschen durch die Luft fliegen können. Sie werden sie... Flugzeug nennen.« Sie lachte so sehr, dass der Tisch wackelte. »Natürlich weiß ich nicht, was du tun sollst. Keiner weiß das außer vielleicht...«

»Gott?«

»Ja, vielleicht Gott. Andererseits wirst du aber unendlich viele Dinge tun, denn das ist nicht so festgelegt, wie du denkst. Erinnerst du dich, was ich gestern Abend über die multiplen Universen und Zeitschienen gesagt habe?«

»Du meinst die Tatsache, dass das Auto in der einen Wirklichkeit in den Abgrund stürzte und in der anderen nicht?«

»Genau. Das bedeutet, dass es Aspekte von dir gibt, die ein bestimmtes Abenteuer leben und andere, die etwas völlig anderes tun. Das liegt daran, dass wir in einem dynamischen und unbegrenzten Universum leben. Nichts bewegt sich auf geraden und vorhersagbaren Schienen. Genau wie an diesem Ort, wo wir gerade zusammen zu Abend essen.«

»Ich war verblüfft, als ich heute Abend hereinkam und dieses Restaurant vorfand«, sagte ich. »Es wirkt wie in einem Film aus den Vierzigern.«

»Für viele dieser Leute war das die glücklichste Zeit ihres Lebens, deshalb manifestiert sich der Ort so. Wenn es nach meinem Geschmack ginge, würde es hier ein bisschen anders aussehen.«

»Irgendwelche Vorschläge?«

»Na ja, schwer zu sagen, ich erinnere mich ja nicht an Details aus meinem Leben. Aber ich fände zum Beispiel eine Hütte am Meer oder vielleicht ein Kreuzfahrtschiff toll.«

»Beides hast du geliebt, als du noch lebtest. Du hattest angefangen, für eine Firma zu arbeiten, die auf Kreuzfahrten spezialisiert ist, weil Angela und du eine gemacht hattet und euch das so gefallen hatte. Das führte dazu, dass du ungefähr ein Jahr später Reiseverkehrskauffrau wurdest. Du siehst also: Obwohl du dich nicht an Details aus deinem Leben erinnerst, magst du die Dinge, die du im Leben gern mochtest, auch heute noch.«

»Das leuchtet mir ein«, erwiderte sie. »Und jetzt erzähl mir von unserer Hochzeit. Ich möchte gern mehr darüber wissen.«

»Ich glaube, damit du verstehst, muss ich ein bisschen ausholen.« Ich holte tief Luft, weil ich wusste, dass die Geschichte lang sein würde. »Das Erste, was du wissen musst, ist, dass ich mit achtzehn in ein Kloster eingetreten und Mönch geworden war. Ich verließ es allerdings nach ein paar Jahren wieder, um mein Studium abzuschließen und erst einmal erwachsen zu werden, bevor ich eine endgültige und so schwerwiegende Entscheidung traf. Wir haben uns direkt nach meinem Abschluss kennengelernt. Ich hatte noch nie eine Beziehung gehabt, und wir haben uns praktisch sofort ineinander verliebt. Wir waren ungefähr ein Jahr zusammen, als mir das Klosterdasein wieder einfiel und ich neu darüber nachdachte.«

»Was hat das mit unserer Hochzeit zu tun?«, fragte sie.

»Keine Sorge, dahin komme ich gleich. Du musst zuerst die Vorgeschichte kennen.«

»Dann erzähl weiter.«

»Ich musste für mich herausfinden, was ich eigentlich wollte: dich heiraten oder wieder Mönch werden. Es war eine sehr schwere Entscheidung, und ich wollte keinen Fehler machen. Ich entschloss mich, drei Monate im Kloster zu verbringen und dort um Führung zu bitten, wobei du mich wirklich sehr unterstützt hast. Für dich war es wahrscheinlich auch wichtig, dass ich mir ganz sicher war, und so kam es dir wohl wie ein guter Test vor. Jedenfalls haben wir mindestens einen Monat lang nicht mehr miteinander geschlafen, bevor ich fortging, denn ich wollte es uns nicht noch schwerer machen, falls ich entschied, nicht mehr zurückzukommen. Aber dann kam die Nacht vor dem Abschied. Wir gingen teuer essen, machten in der Innenstadt eine Fahrt mit der Pferdekutsche und dann... na, du weißt schon.«

»...haben wir miteinander geschlafen.«

»Natürlich«, fuhr ich fort. »Ich würde sagen, es war die größte und leidenschaftlichste Erfahrung meines Lebens. Am nächsten Tag ging ich fort und wusste, dass ich nichts mehr von dir hören würde, bis ich meine Entscheidung getroffen hätte.«

»Warum das?«, fragte sie mich.

»Die einzige Bedingung, die sie gestellt hatten, war, dass ich keinerlei Kontakt mit dir haben durfte, solange ich dort war. Ich nehme an, sie hatten das Gefühl, dass ich einen sauberen Schnitt machen musste, bevor ich würde erkennen können, in welche Richtung ich geführt wurde. Ich ging darauf ein, obwohl es mir nicht wirklich gefiel.«

»Ich könnte mir vorstellen, dass es mir auch nicht gefiel.«

»Richtig, aber auch hier warst du unglaublich verständnisvoll. Jedenfalls war ich ungefähr seit einem Monat dort und hatte dafür gebetet, ein Zeichen zu bekommen, ...da kam eines Tages ein Anruf von dir.«

»Ich habe dich angerufen? Ich dachte, das durfte ich nicht.«

»Dem war auch so, und deshalb war ich sehr überrascht. Als ich ans Telefon ging, erinnerte ich dich daran, dass ich keinerlei Außenkontakt haben durfte. Und da hast du es mir gesagt...«

»Ich glaube, ich weiß, wie es weitergeht«, bemerkte sie lächelnd.

»Du hast mir gesagt, ich hätte mein Zeichen bekommen… Du warst schwanger. So habe ich meine Entscheidung getroffen. Einen oder zwei Tage später verließ ich das Kloster und kam zu dir zurück, und ein paar Monate später heirateten wir. Und dann kam Angela auf die Welt.«

»War es eine große Hochzeit?« Ich konnte an ihrem Blick sehen, wie sehr sie es hoffte.

»Nein, keine große Hochzeit, aber dafür wunderschön. Wir haben ganz intim gefeiert, und ich erinnere mich noch an fast jedes Detail.«

Linda griff über den Tisch nach meiner Hand. »Zeig sie mir, ich möchte meine Hochzeit sehen. Ich hätte nie gedacht, dass ich so neugierig wäre. Aber wahrscheinlich ist das meine einzige Chance.«

»Möchtest du sie durch meine Augen sehen, so wie gestern?«, fragte ich ganz aufgeregt.

»Ja, ich möchte die ganze Sache so anschauen, wie sie sich ereignet hat. Kannst du das für mich tun?« Sie schaute mich so hoffnungsvoll und verletzlich an, dass ich, selbst wenn ich gewollt hätte, nicht Nein sagen konnte. Die Vorstellung, sie durch einen der glücklichsten Tage meines Lebens zu führen, war fast zu schön, um wahr zu sein. Ich griff über den Tisch nach ihrer zweiten Hand.

»Ich bin richtig aufgeregt, das jetzt mit dir zusammen

anzuschauen«, sagte ich. »Muss ich dir einfach in die Augen schauen wie gestern?«

»Genau. Schau mir in die Augen und entspanne dich dabei. Du brauchst nichts weiter zu tun als deinen Verstand zu verlangsamen und alles loszulassen, was du hier siehst. Nichts wird sich ändern... Alles wird noch da sein, wenn wir wieder zurückkommen.«

Ich schluckte und holte tief Luft, bevor ich sie unverwandt anschaute. Zuerst schien nichts weiter zu passieren, als dass ich offensichtlich die Frau anstarrte, die ich geliebt und verloren hatte. Dann jedoch bemerkte ich die Spannung und den Zug, der mich aus meinem Körper in einen offenen, freien Raum zu ziehen schien. Einen Augenblick lang schwebte ich mit dem Gefühl, keine Kontrolle über die Richtung zu haben, in der wir unterwegs waren. Kurz darauf spürte ich, wie es abwärtsging, und schließlich war mir, als hätten wir eine Wolkendecke durchquert, und ich sah die Stadt unter uns liegen.

Kapitel 14

Wir schwebten jetzt über einer verkehrsreichen Straße, und ich schaute mich um in der Hoffnung, irgendetwas Vertrautes zu entdecken. Ob wir hier im Norden der Stadt waren, vielleicht in der Chicago Avenue? Ich war mir noch nicht ganz sicher. Dann blickte ich weiter die Straße hinunter, von wo uns ein gelber Firebird entgegenkam, und plötzlich wusste ich genau Bescheid. Es war der Wagen von Renato, meinem Zimmergenossen im College und Trauzeugen. Als er an die Bordsteinkante fuhr und die Türen auf beiden Seiten aufgingen, sah ich, wie Renato und ich ausstiegen.

»Wir haben noch eine Stunde«, sagte er zu meinem jüngeren Ich, während sie auf die Glastür eines siebenstöckigen, alten Fabrikgebäudes zugingen. »Jede Menge Zeit, um uns bereitzumachen und pünktlich da zu sein.«

Ich trug damals einen weißen Anzug und einen schmalen schwarzen Schlips, während Renato immer noch eine Jeans und ein T-Shirt anhatte. Wir waren auf dem Weg zu dem Gerichtsgebäude, in dem die Trauung stattfinden würde, und ich machte mir Sorgen, dass wir womöglich zu spät kämen. Diese Szene war mir nur vage im Gedächtnis gewesen, aber als ich sie jetzt beobachtete, kam mir wieder alles in den Sinn.

»Unglaublich, dass du noch nicht fertig bist«, sagte der jüngere Jimmy, während sie in das Gebäude hineingingen. Ich schwebte über ihnen und folgte ihnen auch in den Fahrstuhl hinein. »Meine Eltern warten bestimmt schon, und ich will nicht zu spät kommen. Ich kann mich doch nicht zu meiner eigenen Hochzeit verspäten.«

»Entspann dich«, sagte Renato viel lockerer, als ich es war. »Keiner wird so früh dort sein, wir haben noch jede Menge Zeit. Das Gerichtsgebäude ist höchstens anderthalb Kilometer von hier entfernt, und da wir ein Taxi nehmen, brauchen wir noch nicht mal nach einem Parkplatz zu suchen. Gib mir nur eine Viertelstunde, dann bin ich soweit.«

Ich lehnte mich an die Rückwand des Fahrstuhls und seufzte.

»Mann, ich dreh gleich durch«, sagte ich. »Ich hätte nicht gedacht, dass ich so nervös sein würde. Es ist ja gar nicht so, als hätte ich irgendwelche Zweifel, aber verdammt nochmal, ich kann mich einfach nicht beruhigen. Glaubst du, es ist richtig, dass ich heirate? Ich meine, wenn man bedenkt, dass sie schwanger ist und so…?«

»Ich dachte, du hättest keine Zweifel«, erwiderte Renato, als die Fahrstuhltür aufging. »Und ja, ich glaube, es ist absolut richtig, dass du heiratest. Um ganz ehrlich zu sein: Ich finde, sie ist zu gut für dich. Wenn sie nicht schwanger geworden wäre, würde sie wahrscheinlich gar nicht erst erscheinen.«

Hätte ich ihn nicht gekannt, dann wäre ich jetzt beleidigt gewesen. Seit dem Tag, an dem wir direkt nach meinem Austritt aus dem Kloster 1981 an der Loyola University Zimmergenossen geworden waren, war Renato einer meiner besten Freunde. Ich hatte die schützenden Klostermauern verlassen und war in das wilde Leben im Studentenwohnheim eingetaucht. Renato stand immer im Mittelpunkt der Aufmerksamkeit, bei jedem Abenteuer war er der erfahrene Drahtzieher, was sich auch nach Abschluss der Uni nicht änderte. Mehrere Monate lebten wir zusammen in einer riesigen Wohnung in der Innenstadt, wo eine Party die nächste jagte. Er war so ein Typ, der jedem die noch so ungehobeltsten oder beleidigendsten Sachen sagen konnte und trotzdem ungeschoren davonkam. Vielleicht lag das daran, dass er ganz in der Nähe von der berühmten Rush Street[3] geboren und aufgewachsen war, oder es war sein italienisches Erbe. Jedenfalls war Renato der Erste, an den ich dachte, als ich mich nach einem Trauzeugen umschaute, und egal, wie die Dinge im Moment standen – ich wusste, dass er mich pünktlich zu meiner Hochzeit bringen würde.

---

3 einer der wohlhabendsten Gegenden von Chicago (ergänzt v. Übers.)

»Los, zieh dich an. Ich werde inzwischen versuchen, mich zu entspannen«, sagte ich zu ihm. »Wenn wir genug Zeit haben, würde ich allerdings gern laufen. Ich glaube, die Bewegung würde mir helfen, mich zu konzentrieren und zu beruhigen. Wie lange würde das dauern?«

»Vielleicht zwanzig Minuten… aber das könnte ein bisschen knapp gerechnet sein.«

»Nicht, wenn du dich ein bisschen beeilst. Ich muss etwas für meine Nerven tun, und laufen würde mir wirklich helfen.«

Zehn Minuten später waren wir bereits auf dem Weg zum Loop, dem Innenstadtbezirk Chicagos. Wir liefen auf der Clark Street Richtung Süden, überquerten den Fluss und erreichten ein paar Blocks weiter das Daley Center. Das war der Brennpunkt, der Ort, an dem der Knoten endlich geknüpft werden und sich die beiden Familien miteinander verbinden würden. Die Tatsache, dass die Hochzeit vor Gericht und nicht in einer katholischen Kirche stattfinden sollte, war eine ziemliche Enttäuschung für meine Mutter. Einer meiner Franziskaner-Freunde hatte mir dazu geraten, erst einmal nur staatlich zu heiraten und abzuwarten, wie die Sache lief. Als ich so über, bzw. hinter Renato und meinem jüngeren Ich herschwebte, fragte ich mich, ob das wirklich die richtige Entscheidung gewesen war. Vielleicht hätte mich andernfalls mein Bewusstsein fester gebunden, meinen Fluchtimpuls im Zaum und mich am Ort gehalten. Ich konnte spüren, wie Linda mich sanft anstupste, damit ich den Gedanken ziehen ließ und mich wieder auf das, was direkt vor uns geschah, konzentrierte.

Ich sah die berühmte Picasso-Skulptur am anderen Ende des Platzes, als wir die Washington Street überquerten und diagonal zur gegenüberliegenden Seite liefen. Die meisten Leute hatten ihre Mittagspause hinter sich und waren bereits wieder in den Häusern und Wolkenkratzern verschwunden, die den Platz umgaben. Übrig geblieben waren nur ein paar Touristen und andere, die umherspazierten oder das Werk des großen Spaniers begutachteten, das an einen Löwen erinnerte. Aus der Ferne winkte uns mein jüngerer Bruder Kenny zu, der damals zwölf war. Es war seltsam für mein älteres Ich, ihn wieder als Kind zu sehen. Hinter ihm standen meine Eltern und meine beiden Schwestern Lisa und Karen, während sich mein älterer Bruder Todd gerade die Picasso-Skulptur anschaute.

»Da sind sie«, sagte ich zu Renato. »Jetzt gibt es kein Zurück mehr.«

»Schon seit du mich einbezogen hast, gibt es kein Zurück mehr«, antwortete er. »Ich hätte nicht zugelassen, dass du den schlimmsten Fehler deines Lebens begehst und wegläufst.«

Eine tiefe Trauer überkam mich, während ich ihnen dabei zuschaute, wie sie den Platz überquerten – nicht wegen des Moments, den ich da gerade noch einmal miterlebte, sondern wegen der Zukunft, die keiner von ihnen erahnen konnte. Wer hätte vorhersagen können, dass der Traum zwei Jahre später zu einem abrupten Ende kommen und ich das ganze nächste Jahrzehnt über verzweifelt versuchen würde, meinen Fehler wiedergutzumachen? Ich sah mich auf dem Platz nach Linda um in der Hoffnung, ihr Anblick möge mich aus der Melancholie reißen, die mich plötzlich überkommen hatte. Sie war nirgendwo zu sehen, aber dann hörte oder spürte ich plötzlich tief in mir ihre Stimme.

»Trau einfach allem, was du da siehst«, schien sie mir sagen zu wollen. »Das alles hat zu dem geführt, was jetzt ist: dazu, dass wir beide das gemeinsam anschauen. Vergiss nicht, dass dies der einzige Augenblick ist, auf den es ankommt… Und genau jetzt bin ich bei dir.«

Als ich Kenny dabei beobachtete, wie er auf Renato und mein jüngeres Ich zurannte, verflog meine Traurigkeit sofort. Er konnte es nicht abwarten, bis wir den gesamten Platz überquert hatten, und seine Aufregung erinnerte mich daran, dass ich gleich einen der wichtigsten Momente meines Lebens nacherleben würde.

»Linda ist noch nicht hier«, sagte Kenny, als er bei uns angelangt war. »Bisher sind wir die Einzigen. Mom ist übrigens gerade dabei auszurasten. Wir haben versucht, sie zu beruhigen, aber ohne Erfolg.«

»Weshalb rastet sie aus?«, fragte ich ihn, obwohl ich die Antwort natürlich genau wusste.

»Wegen allem«, erwiderte er. »Du bist das erste Kind, das heiratet. Du heiratest nicht in der Kirche. Wir sind hier mitten in der Stadt…«

»Ich verstehe«, sagte ich. »Und wie steht es mit Dad? Alles in Ordnung?«

»Ihm geht's gut. Mom ist diejenige, um die wir uns kümmern müssen.«

Als wir die anderen erreichten, sah ich meiner Mutter sofort an, dass Kenny recht hatte. Jetzt wurde mir auch bewusst, dass es wenig mit dem zu tun hatte, was ich damals dachte. Sie hatte Linda immer gemocht und war begeistert, dass wir heirateten. Natürlich hätte sie lieber eine kirchliche Hochzeit gehabt, natürlich machte ihr die Innenstadt Angst, aber was wirklich an ihr nagte, war die Tatsache, dass uns ausgerechnet ein Priester dazu geraten hatte, nicht kirchlich zu heiraten. Für sie bedeutete das eine Art Betrug, und obwohl sie den Mann nicht kannte, sollte sie sich noch viele Jahre darüber aufregen. Im Nachhinein war ich nur froh, dass der Priester beschlossen hatte, nicht zu unserer Trauung zu kommen, denn das hätte in einer Katastrophe geendet.

»Wann kommt Linda?«, fragte Lisa. Meine beiden Schwestern standen zusammen bei einer Steinbank nicht weit von dem Picasso, und wieder kam es mir jetzt ganz unwirklich vor, sie so jung vor mir zu sehen.

»Ich bin nicht sicher«, antwortete mein jüngeres Ich und schaute auf die Uhr. »Ich dachte, sie wäre jetzt schon hier. Wir sollen in zehn Minuten drinnen sein, ich hoffe also, sie kommt bald.«

Da gab mir Renato Zeichen, in die andere Richtung zu schauen. Ich drehte mich um und sah sie zusammen mit ihrer Schwester Colleen und ihrer besten Freundin Deana schnellen Schrittes auf uns zulaufen. Linda lief in der Mitte und hielt ein kleines Blumenbouquet in den Händen. Auch jetzt spürte ich noch, wie meine Knie weich wurden, obwohl ich ja nun wirklich körperlos war und nur über der Szene schwebte. Linda strahlte so, wie ich es noch nie gesehen oder jedenfalls nie bemerkt hatte. Ihr schwarzweißes Kleid saß ganz eng und ließ deutlich einen weiteren Gast der Hochzeitsparty, nämlich Angela, erkennen. Ich empfand so viel Liebe und Freude beim Zuschauen, dass ich mich kaum beherrschen konnte. Dann spürte ich, wie die Linda in mir meine Aufmerksamkeit forderte.

»Ich sehe so schön aus«, sagte sie in meinen Gedanken. »Hab ich bei unserer Hochzeit wirklich so ausgesehen?«

»Ich werde diesen Augenblick nie vergessen«, antwortete ich ihr. »Auch wenn es nicht die großartige Hochzeit war, von der die meisten Frauen träumen, gehörte dieser Moment uns ganz allein. Anscheinend wissen wir das meist in der Situation gar nicht so zu schätzen, aber wenn ich jetzt zurückschaue, wird mir klar, dass es einer der glücklichsten Augenblicke meines Lebens war.«

»Ich hab mich verfahren und zwei Blocks weiter geparkt«, sagte eine Stimme von hinten. Ich drehte mich um und sah Lindas Vater Neal auf uns zukommen. Er war ein attraktiver Mann mit breiten Schultern und einem ebenso breiten Lächeln auf dem Gesicht. Er war im

Begriff, seine Tochter fortzugeben, und schien zu allem bereit.

»Hallo Dad«, sagte Linda und küsste ihn auf die Wange. »Ich hab mich schon gewundert, wo du steckst. Wir wollen gerade hineingehen.«

»Tut mir leid, dass ich mich verspätet habe«, entschuldigte er sich, trat auf meinen Vater zu und schüttelte ihm die Hand. »Seid ihr auch so aufgeregt wie ich?«

»Wir sind ziemlich aufgeregt«, sagte meine Mutter, die nun endlich ihren Groll ablegte und sich mit der Lage abzufinden schien.

»Na, dann wollen wir mein Schwesterchen mal unter die Haube bringen«, sagte Colleen, und damit überquerten wir den Platz und betraten das Gebäude.

Minuten später standen wir Hand in Hand vor einer großen Holztür und warteten darauf, eingelassen zu werden, wenn das Paar vor uns wieder fertig wäre. Ich hatte mir nie Gedanken darüber gemacht, dass der Ablauf dort so nahtlos organisiert sein könnte. Von meinem Aussichtspunkt an der Decke konnte mein älteres Ich Lindas weiche, zarte Hand und die Energie zwischen uns spüren. Das Glück, das ich damals empfunden hatte, war weder von den Zusammenbrüchen und Enttäuschungen getrübt, die später folgen sollten, noch war es beeinträchtigt durch den Kampf um das Erwachsenwerden und um die Ehe. Da standen zwei Menschen, die sich liebten und darum beteten, dass sie alles zur Verfügung bekämen, was sie brauchten, damit es funktionierte, und dass sie den Mut hätten, alle Stürme, die auf sie zukommen mochten, zu meistern. Mein älteres Ich kannte ja nun den Ausgang der Geschichte. Das war ein Vorteil und zugleich fühlte sich meine Anwesenheit hier unfair an, obwohl ich an keinem anderen Ort der Welt lieber hätte sein wollen.

Da öffnete sich die Tür, und das andere glückliche Paar wurde auf den Gang hinausgeleitet. Die beiden waren jünger als Linda und ich, aber sie strahlten nicht weniger. Eine Frau um Mitte fünfzig sagte ihnen Auf Wiedersehen und wandte sich dann uns zu.

»Sie müssen die Twymans sein«, bemerkte sie mit einem Blick auf ihren Plan. »Wir sind sehr glücklich, dass wir diese Erfahrung mit Ihnen teilen dürfen. Kommen Sie doch herein und lassen Sie uns beginnen.«

Wir folgten ihr in den Raum, der mit dunklem Holz getäfelt war und nach Blumen duftete. Ein rundlicher Mann mit schütterem Haar und einem roten Gesicht stand am gegenüberliegenden Ende. Mit einem Blick gab er uns zu verstehen, dass wir zu ihm kommen sollten. Linda ließ meine Hand los und stellte sich an Colleens und Deanas Seite, während Renato sich mir zur Seite stellte. Auch die anderen im Raum sortierten sich, und als alle zur Ruhe gekommen waren, begann der Richter zu sprechen.

»Ich möchte Sie willkommen heißen zu dieser wichtigen Zeremonie. James Twyman und Linda Murphy haben sich entschlossen, einen heiligen Bund einzugehen, und als Vertreter des Gerichts bin ich hier, um ihr Gelöbnis zu bezeugen.«

Ich schaute Linda an, die links von meinem jüngeren Ich stand. Sie starrte geradeaus, als wollte sie kein einziges Wort verpassen, und saugte alles auf, was der Richter sagte. Die anderen standen da, als wären sie Eindringlinge, die sich bei einem so seltsamen und wunderbaren Moment fehl am Platz fühlten. Ich ließ von meinen Gedanken ab und konzentrierte mich wieder auf die Zeremonie, die da vor meinen Augen ablief.

»Ich wurde informiert, dass die Braut und der Bräutigam ihre eigenen Gelöbnisse geschrieben haben«, fuhr der Richter fort. »Ich möchte ihnen jetzt gern erlauben, einander diese Versprechen im Beisein der Anwesenden auszusprechen.«

Ich schluckte und wandte mich Linda zu, und als sie dasselbe tat, ergriff ich ihre Hand. Ihre Augen waren so tief und voller Leben, dass ich zuerst befürchtete, ich würde mich in ihnen verlieren und mich nicht mehr daran erinnern können, was ich geschrieben und auswendig gelernt hatte. Dann lächelte sie, und die Worte strömten mir zurück ins Gedächtnis. Ich begann zu sprechen, als stünde ich in einem anderen Raum, entfernt und doch nah und vertraut zugleich.

»Linda, ich wünschte, ich könnte ausdrücken, wie viel mir dieser Moment bedeutet. Ich erinnere mich an den Abend, an dem ich dir begegnet bin und an dem wir zum ersten Mal miteinander gesprochen und uns geküsst haben. An diesem Abend ging ich mit dem Wissen nach Hause, dass ich der Frau begegnet war, die ich eines Tages heiraten würde und mit der ich den Rest meines Lebens verbringen wollte. Dabei konnte ich zu dem Zeitpunkt noch gar nicht ahnen, wie wunderbar du bist oder dass ich tatsächlich dein Herz gewonnen hatte. Jetzt weiß ich es und bin vollkommen überwältigt, dass ich hier im Beisein unserer Familien stehen und mich dir bedingungslos hingeben darf. Ich verspreche, dass ich dich bis an mein Lebensende und darüber hinaus lieben werde. Ich verspreche, dass ich für dich sorgen und alles dafür geben werde, dich und unsere Familie zu unterstützen. Und vor allem verspreche ich, dass ich dich nie im Stich lassen, sondern immer an deiner Seite sein werde als jemand, der versteht und zeigt, wie glücklich er sich darüber schätzt. Und ich werde nie vergessen, dich daran zu erinnern, dass du das kostbarste Geschenk auf Erden bist für mich. Es gibt nichts, was diesem Augenblick oder der Zukunft gleichkommen kann, in der wir unser gemeinsames Leben aufbauen.«

Den Worten, die mein jüngeres Selbst sprach, hatte ich aus einer Perspektive gelauscht, die ich mir nie hätte träumen lassen. Als nun Linda ihr Gelöbnis mir gegenüber vortrug, verlor ich mich so in meinen Gefühlen, dass ich ihre Worte kaum noch hören konnte. Jedes der ausgesprochenen Worte hatte ich wörtlich gemeint, und doch hatte ich nicht die Kraft gehabt, den Erschütterungen der Verantwortung und des Lebens zu widerstehen, und so hatte ich Linda schließlich im Stich gelassen. Ich hatte ihr versprochen, dass ich sogar im Tod an ihrer Seite stehen würde, und genau das geschah nun gerade.

Die Linda in mir, die die ganze Szene durch meine Augen beobachtete, spürte meine Liebe und meine Reue. Und ich spürte, dass sie mich ebenso an der Hand hielt, wie unsere Ebenbilder dort unten einander an der Hand hielten. Das erfüllte mich mit einer unerwarteten Ergebenheit, die ich aufsaugte wie einer, der kurz davor ist zu verdursten, und ich ließ zu, dass sie meine verzweifelte Seele besänftigte.

Als der Richter bemerkte, dass wir fertig waren, sah er sich im Raum um und sagte: »Es ist mir eine Ehre, die Ehe zu bestätigen und Ihnen Mr. und Mrs. James Twyman vorzustellen.«

Alle im Raum begannen zu klatschen, als Linda und ich uns endlich zu ihnen umdrehten. Im selben Augenblick fühlte ich mich fort von der Gruppe und wie durch einen Riss in der Decke nach oben gezogen. Während ich noch versuchte, dem Sog zu widerstehen und dort zu bleiben, war es schon längst zu spät, und ich war von weißen Wolken umhüllt. Gleich darauf fand ich mich in meinem Körper in der Scheune wieder.

Kapitel 15

Als ich die Augen öffnete, saß Linda direkt vor mir und schaute mich an. Ich versuchte mich von ihr abzukehren, aber gegen ihre Energie kam ich nicht an. Die Geräuschkulisse des Restaurants erinnerte mich plötzlich daran, dass wir jetzt wieder in der Scheune waren. Gerade hatte ich mir einen der wichtigsten Augenblicke aus meinem Leben angeschaut. Von den Ereignissen, die darauf gefolgt waren, kannte ich jedes Detail. Jetzt fühlte ich mich entsetzlich schuldig. Unser gemeinsames Leben hatte so gut, so lebendig und schön begonnen, und dann war es so schnell kaputtgegangen. Wenn ich damals gewusst hätte, was erst die Zeit ans Licht bringen sollte, dann hätte ich womöglich Entscheidungen treffen können, die unser beider Leben in eine andere Richtung gelenkt hätten.

»Das war unsere Trauung«, sagte sie zu mir. »Sie war schöner, als ich es mir hätte vorstellen können.«

»Ja«, erwiderte ich und senkte leicht den Kopf. »Und obwohl es so vielversprechend begann, habe ich zwei Jahre später alles fortgeworfen.«

»Was meinst du damit?«, fragte sie.

»Ich war damals total naiv«, erklärte ich ihr. »Wir waren so jung, als wir geheiratet haben, und mein Leben war noch ganz richtungslos. Ich wusste nur, dass ich etwas Großes im Leben erreichen wollte, etwas, das die Welt veränderte. Dich interessierte das gar nicht, du wolltest eine Familie gründen und eine gute Ehe führen. Ich wollte Bücher schreiben und Filme drehen…«

»Es klingt so, als hättest du diese Dinge auch getan.«

»Ja, aber sieh nur, was es mich gekostet hat. Ich hätte einen Weg finden müssen, das alles zu tun und trotzdem unsere Ehe zu retten. Stattdessen wurde ich gleichgültig und habe alles kaputt gemacht. Wir zogen nach Oregon, weil ich fand, dass wir an der Westküste leben müssten, und dort haben wir uns getrennt. Ich habe zwar fast sofort erkannt, dass ich einen Fehler gemacht hatte, aber du warst zu verletzt. Über viele Jahre habe ich versucht, die Ehe zu retten, aber du konntest mir dein Herz eigentlich nie mehr richtig öffnen.«

»Bist du dir sicher, dass das stimmt?«, fragte sie mich.

»Was meinst du damit? Begreifst du, dass wir mehr als zehn Jahre lang getrennt gelebt haben, bevor wir uns tatsächlich scheiden ließen? Das lag daran, dass ich die Scheidung nicht wollte. Ich dachte, du würdest eines Tages begreifen, dass ich mich verändert hatte, und mich zurückwollen. Tatsächlich schien das am Ende eingetreten zu sein, obwohl es sehr, sehr lange gedauert hatte. Und zwar warst du genau zu dem Zeitpunkt, als du umgebracht wurdest, dabei zu überlegen, ob du nicht nach Oregon ziehen solltest. Ein paar Monate später hättest du die Kündigung von deiner Arbeitsstelle erhalten können, und du sagtest, dass du bei Angela und mir sein wolltest. Mir war klar, dass sich mit deinem Umzug alles ändern würde. Du hättest mich gebraucht, um dich neu niederzulassen, und dann hättest du endlich eingesehen, dass wir zusammengehörten.«

»Aber das ist nie geschehen, nicht wahr?«

»Nein.«

»Was meinst du dann, warum du hier bist?«, fragte sie so, als kennte sie die Antwort bereits.

»Das versuche ich ja gerade zu verstehen. Du hast mir gesagt, dass ich diesen Ort nur gefunden habe, weil ich etwas lernen muss. Ich wüsste nur zu gern, was das sein soll.«

»Ich glaube, du weißt es schon«, erwiderte sie. »Du hast nur noch nicht den Mut, es dir einzugestehen.«

Plötzlich tauchte Martha an unserem Tisch auf. Sie sah aus, als hätte sie etwas Wichtiges zu sagen.

»Hallo Linda... wie schön, dass du wieder den Weg hergefunden hast. Und Jimmy... so heißen Sie doch, oder?«

»Ja.«

»Ich weiß, dass Sie meinen Mann nicht aufsuchen sollten, aber falls Sie doch den Impuls verspüren, möchte ich Ihnen gern noch eine kleine Information geben.« Sie schaute über die Schulter zu ihrem Tisch hinüber, um sicherzugehen, dass sie dort keiner hören konnte. »Er wird Ihnen zunächst nicht glauben. Daher möchte ich, dass Sie nur noch eines hinzufügen: Er soll in dem Schmetterlingskästchen nachsehen. Das wird alles ändern...«

»Ich weiß nicht so recht, ob ich...«

»Wie ich schon sagte: Tun Sie es nur, wenn Sie den Impuls verspüren.« Dann zwinkerte sie mir zu und ging davon.

»Will ich wissen, wovon hier die Rede ist?«, fragte Linda.

»Wahrscheinlich nicht... Es ist ein kleines Geheimnis zwischen Martha und mir.«

Der Kellner trat an unseren Tisch und lächelte uns an. »Guten Abend... Ich bin sehr glücklich, dass ich Sie heute Abend bedienen darf. Ich wünschte, ich könnte Ihnen mehr bieten, aber unser Angebot ist leider ein wenig begrenzt.«

Ich schaute in die Karte, die unbeschrieben war.

»Hier steht ja gar nichts«, sagte ich. »Ist da beim Druck etwas schiefgegangen?«

»Nein, Sir, das ist unsere übliche Karte... was bedeutet, dass wir Ihnen jeden Wunsch erfüllen können.«

»Aber Sie haben doch gerade gesagt, dass das Angebot begrenzt ist.«

»Nun ja, es ist begrenzt, wenn Sie Ihre bisherigen Erfahrungen berücksichtigen. Sehen Sie, die einzigen Gerichte, die Sie bestellen können, sind ja die, die Sie schon einmal gegessen oder von denen Sie zumindest gehört haben. Nun weiß ich, dass Sie ein Gast sind, was bedeutet, dass Sie sich an weitaus mehr erinnern als die meisten hier Anwesenden, aber das Ergebnis ist dasselbe. Egal, wie viel Sie wissen, es wird trotzdem noch viel mehr geben, was Sie nicht wissen. Und auf diese Weise sind wir dann alle ein bisschen begrenzt.«

»Was er versucht zu erklären, ist, dass wir, wenn du begrenzt bist, alle begrenzt sind«, erklärte mir Linda. »Das liegt daran, dass wir anderen und du uns gegenseitig ein wenig anders sehen als wir uns selbst. Was dem einen geschieht, geschieht allen... Verstehst du?«

»Genau das meinte ich, gnädige Frau«, sagte der Kellner. »In diesem Fall hier sind beide Seiten begrenzt, weil ich nichts denken oder zubereiten kann, was Sie nicht bestellen, und Sie können nicht bestellen, was Sie nicht kennen. In Wahrheit ist es ziemlich einfach.«

»Okay«, sagte ich zu Linda. »Vielleicht sollte ich mich einfach deiner Führung überlassen und bestellen, was immer du entscheidest. Auf diese Weise sind wir beide auf der sicheren Seite.«

»Aber das stimmt nicht ganz, denn ich habe keinen Bezug zum Essen wie früher. Wir tun das hier nicht sehr häufig. Ich denke, wir sollten es einfach so halten wie alle hier und essen, was immer er uns bringt. Ich habe gehört, dass das immer die beste Wahl ist.«

»In Ordnung, gnädige Frau«, erwiderte er und nickte. »Ich werde Sie nicht enttäuschen. Und zu trinken?«

»Was immer Sie uns bringen«, sagte ich zu ihm.

»Sie verstehen schnell, Sir. Gut gemacht.« Der Kellner nahm unsere Karten und ging.

»Das war eine der interessantesten Interaktionen, die ich je mit einem Kellner erlebt habe«, sagte ich zu Linda.

»Keine Sorge, du wirst dich dran gewöhnen. Aber wo waren wir noch gerade... Weißt du noch, wovon wir sprachen?«

»Du hast gesagt, dass ich schon weiß, weswegen ich hier bin, und dass ich Angst habe, es mir einzugestehen.«

»Genau, jetzt erinnere ich mich. Was hältst du davon?«

»Ich weiß nicht genau, um ehrlich zu sein. Ich habe wirklich keine Ahnung, was es ist. Ich dachte, ich wäre hier, weil ich dich vermisste und mir Gott die Chance geben wollte, meine Trauer zu heilen.«

»Das mag stimmen«, antwortete sie. »Aber das ist keine Lektion. Schau mal noch ein bisschen tiefer in dich hinein.«

»Bin ich hier, um zu lernen, was mit dir passiert ist, damit wir die Mörder finden können? Halt, warte, sag nichts, ich weiß schon: Das hat nichts mit mir tun, stimmt's? Welche Lektion auch immer ich lernen soll, es muss etwas ganz Persönliches sein.«

»Ich hätte es nicht besser ausdrücken können.«

Der Kellner erschien mit zwei großen Kelchen, die mit einer roten Flüssigkeit gefüllt waren.

»Ich habe Ihnen etwas gebracht, das Sie sehr mögen werden«, sagte er. »Bitte, gnädige Frau, probieren Sie zuerst.«

Als sie einen Schluck nahm, leuchteten ihre Augen auf. »Das ist großartig. Wirklich sehr lecker.«

Dann nahm ich einen Schluck aus meinem Glas und verzog das Gesicht. »Du machst Witze«, sagte ich. »Das schmeckt ja widerlich... nach billigem Fusel.«

»Es ist ein roter Zinfandel«, erläuterte er. »Ich war mir sicher, dass ich den Geschmack der Dame treffen würde.«

»Was meinen Mann angeht, weiß ich nicht, aber mir schmeckt es wunderbar«, bestärkte sie ihn.

Der Kellner ging mit dem Gefühl der Bestätigung davon.

»Das ist doch zu komisch«, sagte ich zu Linda. »Gestern Abend hatten wir einen der besten Chardonnays, die ich je probiert habe, und ich dachte, so funktioniert das hier. Heute dagegen servieren sie genau den Wein, den du gemocht hättest, als du noch lebtest. Ich konnte nie verstehen, warum dir dieser Fusel schmeckte.«

»Er schmeckt mir, weil er fruchtig und süß ist«, antwortete sie. »Wie kannst du sagen, dass er nicht gut ist? Du tust nur so, als ob du ihn nicht mögen würdest.«

»In Ordnung. Schon allein, weil ich ihn zusammen mit dir trinke, ist es der beste Wein, den ich je getrunken habe.«

Wir stießen miteinander an.

»Worauf sollen wir trinken?«, fragte Linda.

Ich dachte einen Moment lang darüber nach, was unter diesen außerordentlichen Umständen angemessen sein könnte. Wäre es richtig, auf unserer Zusammensein oder darauf zu trinken, dass es solche Wunder noch gab auf der Welt? Während ich so darüber nachdachte, fiel es mir plötzlich wie Schuppen von den Augen.

»Lass uns auf jede Lektion trinken, die wir lernen, und auf jede Gelegenheit, die wir mit Freuden dazu ergreifen«, sagte ich.

»Damit kann ich gut leben«, erwiderte Linda, und wieder stießen wir miteinander an. Bevor sie jedoch einen Schluck nahm, fügte sie hinzu: »Ich finde, wir sollten das Thema Lektion ein bisschen ruhen lassen. Du wirst verstehen, worum es geht, wenn es soweit ist.«

»Klingt gut«, bemerkte ich. »Ich würde mich jetzt übrigens am liebsten einfach daran freuen, dass ich mit meiner Frau zu Abend esse, denn schließlich hätte ich nie gedacht, dass ich nochmal eine Gelegenheit dazu bekommen würde.«

»Ich dachte, du hättest gesagt, ich wäre deine Ex-Frau«, gab sie zurück. »Warum nennst du mich nicht so?«

Ich setzte mein Glas ab und schluckte. »Weißt du was? Genau das hast du oft zu mir gesagt. Ich habe eigentlich nie aufgehört, dich als meine Frau zu bezeichnen. Und zwar zum Teil, weil ich immer mit dir verheiratet sein wollte. Die andere Ebene geht ein bisschen tiefer, vor allem, was die spätere Zeit angeht. Ich glaube, nachdem du gestorben warst, haben sich manche Leute gefragt, ob mich dein Tod so traf wie andere. Natürlich hatte ich weder eine Mutter noch eine Tochter oder Schwester verloren, aber für mich war es das Härteste, was ich je durchgemacht habe. Ich fühlte mich, als hätte ich meine Frau verloren. Die Tatsache, dass wir nicht mehr verheiratet waren, war mir nicht wichtig. Wichtig war, wie tief ich den Verlust gespürt habe. Deshalb nenne ich dich meine Frau. Ich hoffe, das stört dich nicht.«

»Ich finde es wunderschön«, sagte sie. »Ich wollte nur verstehen. Weißt du, für mich ist es ja so, als würde ich dich gerade erst kennenlernen, da hast du einen ganz schönen Vorsprung. Du magst mir zwar vertraut vorkommen, aber ich erinnere mich an nichts Konkretes. Allerdings fühle ich Zuneigung zu dir, und das zeigt mir, dass ich dich auch geliebt haben muss.«

»Es tut gut, das zu hören«, erwiderte ich. »Ich habe mich immer gefragt, ob du mich liebtest.«

»Und jetzt kann ich dich sogar noch tiefer lieben. Ich bin nicht in denselben Gefühlen gefangen wie auf der Erde. Jetzt kann ich dich auf eine Weise sehen, die alle diese Begrenzungen aufhebt, und ich liebe dich so, wie du bist… genauso wie Gott.«

»Das hast du gestern schon gesagt, aber ich bin mir nicht sicher, ob ich weiß, was du damit meinst.«

»Ich meine, dass ich dich bedingungslos lieben kann«, erklärte sie. »Das ist die höchste Liebe, die es gibt. Und deshalb sage ich, dass es dasselbe ist wie Gottes Liebe. Gott liebt uns nicht für das, was wir getan haben oder wer wir irgendwann werden. Er liebt uns, weil er uns als perfekte Wesen erschaffen hat, und was Gott als perfekt erschafft, bleibt, egal, was geschieht, immer perfekt.«

»Das verstehe ich«, erwiderte ich, »zumindest vom Verstand her. Und trotzdem fällt es mir schwer zu sehen, wieso Gott – oder du in diesem Fall – an den schrecklichen Dingen, die viele von uns im Leben getan haben, vorbeisehen kann. Gibt es denn nicht so etwas wie Strafe oder Vergeltung?«

»Wir wurden nach Gottes Ebenbild geschaffen und haben seit jeher versucht, Gott diesen Gefallen zurückzuzahlen«, erklärte sie und lächelte über ihren Witz.

»Was soll das heißen?«

»In der Bibel heißt es, dass wir nach Gottes Ebenbild geschaffen wurden, stimmt's? Genauso haben aber auch wir uns ein Bild von Gott geschaffen. Deshalb sagen uns so viele der Bilder, die wir in Erzählungen oder sonstwo beschreiben, mehr darüber, wer *wir* sind, als darüber, wer Gott ist. In vielen Religionen ist Gott ein rachsüchtiger alter Mann, der uns schnell mal eben straft und immer nach einem Grund sucht, uns in die Hölle zu werfen. Das klingt mehr nach den Menschen auf der Erde als nach Gott. Ich kann dir sagen, dass es überhaupt nicht so läuft. Gott ist allvergebend, er ist die Essenz der Liebe. Viele von uns sind mit so einer Vorstellung vom Heiligen Nikolaus aufgewachsen… von dem alten Mann im Himmel, der unsere Sünden verzeichnet. Kann es nicht sein, dass das Bild, das Jesus uns von Gott gemalt hat, präziser war? Von einem Gott, der uns liebt und alles stehen und liegen lässt, um uns zu finden, wenn wir Angst haben und verloren sind?«

»Ja, aber was ist mit denen, die das Leben anderer zerstören?«, fragte ich. »Nimm zum Beispiel einen Massenmörder oder Hitler.«

»Musst du immer gleich den Teufel an die Wand malen?«

»Ja, warum eigentlich nicht? Ich kann immer noch nicht verstehen, wieso so ein Mensch einfach schuldfrei davonkommen soll. Er muss doch irgendwie zur Rechenschaft gezogen werden können.«

»Schau mal rüber zur Bar«, sagte sie, »dort siehst du Hitler und Gandhi zusammen bei einem Drink. Das sollte dir zu denken geben.«

Ich wirbelte herum, um zu sehen, was sie meinte. Da war niemand an der Bar, der einem der beiden ähnlich gesehen hätte.

»War das ein Witz?«, fragte ich sie.

»Natürlich«, antwortete sie mit einem breiten Lächeln. »Gandhi würde nie zusammen mit Hitler trinken, weil er nie Alkohol trank. Wie konntest du darauf hereinfallen?«

»Ich dachte, du würdest dich überhaupt nicht an Leute oder Orte von der anderen Seite erinnern«, bemerkte ich. »Wieso weißt du, wer Hitler und Gandhi sind?«

Sie trank einen Schluck von ihrem Fusel. »Das ist ganz einfach. Es gibt bestimmte Menschen und Ereignisse, die so tief im kollektiven Bewusstsein eingegraben sind, dass sie jeder kennt, egal, auf welcher Seite des Schleiers man sich befindet. Ich weiß, wer John Lennon und Michael Jackson sind…«

»Wie geht es ihm eigentlich?«

»Er brauchte eine Weile, um sich zurechtzufinden, aber jetzt geht's ihm gut.«

Der Kellner trat mit zwei vollen Tellern an unseren Tisch.

»Da wären wir«, sagte er. »Für die Dame habe ich einen wunderbaren Lachs in einer pikanten Zitronensauce gebracht, und für Sie, Sir…«

Er stellte den Teller vor mich hin. Darauf lag ein großer Hamburger mit Pommes und einer sauren Gurke. Als ich aufschaute, lächelte er mich an.

»Ein Hamburger?«, fragte ich. »Ich hätte erwähnen sollen, dass ich Vegetarier bin.«

»Ich verstehe, Sir, aber ich denke, Sie werden feststellen, dass hier alles anders ist, auch das Fleisch. Probieren Sie ruhig und sagen Sie mir, was Sie davon halten.«

Ich nahm den Hamburger in die Hand und biss ab. Der Geschmack war überwältigend, es war das erstaunlichste und verlockendste Essen, das ich je gegessen hatte. Es war Fleisch, und zugleich war es kein Fleisch. Ich wusste nicht, was ich sagen sollte.

»Das ist unglaublich«, sagte ich. »Es ist Fleisch... Kalb vielleicht?«

»Nein, Sir, um diesen Hamburger herzustellen wurden keine Kälber getötet. Sagen wir mal, es ist etwas, wovon ich wusste, dass Sie es vermissen. Deshalb habe ich dafür gesorgt, dass es nach einem sehr speziellen Rezept zubereitet wurde.«

»Haben Sie vielen herzlichen Dank«, erwiderte ich. Der Kellner verbeugte sich und ging davon.

»Deine Gedanken scheinen viel um Schuld zu kreisen«, sagte Linda, während sie ihren Lachs zerlegte. »Hast du eine Idee, warum das so ist?«

Ich dachte über die Frage nach. War ich wirklich so fixiert darauf? Und wenn ja, vielleicht hatte sie recht..., vielleicht war das der Schlüssel zu dem, was ich hier lernen sollte.

»Seit deiner Ermordung beschäftige ich mich immer wieder damit«, sagte ich. »Wir hatten so lange nicht die geringste Ahnung, wer oder warum... bis ich plötzlich gehört habe, dass jemand gestanden hat und dass der Mann nicht einmal angeklagt worden ist, weil sie sichergehen wollen, dass er sich die Geschichte nicht ausgedacht hat. Ich war wütend, zum einen, weil er die Tat zugegeben hat, und zum anderen, weil da nun diese neue Frage aufgetaucht ist. Wer auch immer es getan hat, die Schuldigen sollen gefälligst dafür bezahlen, wie sie dir das Leben genommen haben. Fällt es dir wirklich so schwer, das zu verstehen?«

»Es ist gar nicht schwer, das zu verstehen«, sagte sie. »Ich bin sicher, dass du sie außerdem hinter Schloss und Riegel sehen willst, damit sie niemand anderem etwas antun können... Stimmt's?«

»Ja.«

»Und du möchtest wahrscheinlich auch, dass sie eine Chance bekommen zu begreifen, dass sie etwas Falsches getan haben, damit ihre Seelen wachsen können... Richtig?«

Ich hielt inne und dachte einen Moment nach.

»Auch das ist wohl richtig, aber vor allem will ich, dass sie gefasst und haftbar gemacht werden.«

»Und wozu soll das dienen, außer dass es andere vor ihrer Gewalt schützt?«

»Ich weiß nicht genau«, antwortete ich jetzt leicht verwirrt. »Ich möchte schon, dass sie eine Chance bekommen, sich wieder in die Gesellschaft einzugliedern, aber ich will wirklich, dass sie...«

»Ich verstehe«, sagte sie. »Du willst, dass sie dafür bezahlen. Dann lass mich dir noch eine Frage stellen. Was würdest du zu diesen Männern wohl sagen, wenn du Gott wärst? Würdest du sie niederschlagen, oder würdest du ihnen etwas anderes anbieten?«

»Ich weiß nicht, ob ich verstehe, was du meinst«, erwiderte ich in dem Versuch, ihrer Frage auszuweichen.

»Was würdest du tun, wenn du Gott wärst? Wir waren uns ja schon einig darüber, dass Gott allliebend und allvergebend ist. Diese Männer sind Gottes Kinder wie du und ich. Wenn du dir also vorstellen würdest, du wärest jetzt gerade Gott höchstpersönlich und diese Männer stünden vor dir – was würdest du zu ihnen sagen?«

Ich schloss die Augen und konzentrierte mich auf ihre Frage. Zuerst stellte ich mir vor, ich wäre Gott, dann visualisierte ich zwei Männer, die für Lindas Tod verantwortlich waren. Zu meiner großen Überraschung verspürte ich Liebe für sie. Ich sah nicht zwei Mörder, sondern zwei Kinder, die so verletzt und versehrt waren, dass sie richtig und falsch nicht mehr voneinander unterscheiden konnten. Sie hatten Tränen in den Augen, als begriffen sie plötzlich, was sie getan hatten. Ich öffnete meine Augen wieder und schaute Linda an.

»Ich würde sagen: Ich liebe sie und ich vergebe ihnen.«

Ich konnte nicht glauben, dass diese Worte aus meinem Mund kamen. Einen Augenblick davor hätte ich sie noch eigenhändig erwürgen können, und jetzt spürte ich nichts als tiefe Liebe.

»Das ist der Unterschied zwischen dem Verstand und dem Herzen«, sagte sie. »Der Verstand will die Dinge nach seinen eigenen Vorstellungen und nach seiner Vorgeschichte ordnen und beurteilen. Das Herz öffnet sich einfach und liebt. Das genau tut Gott, und wir sind ebenfalls dazu aufgefordert. Wenn wir nur begreifen können, dass uns alles, was je geschieht, zu einer größeren Erfahrung von Liebe und Vergebung führt, dann fangen wir an zu verstehen, dass wir eins sind mit Gott und nicht von ihm getrennt sein können. Dann ändert sich alles, und wir antworten dem Leben auf neue, auf heilige Arten.«

»Das sind also die Lektionen, die ihr im Himmel lernt«, sagte ich zu ihr.

»Sie brauchen nicht erst im Himmel gelernt zu werden. Sie können jederzeit und überall gelernt werden. Deshalb habe ich gesagt, dass uns der Himmel überall umgibt, genau wie uns die Göttlichkeit immer umgibt.«

Wir beendeten unsere Mahlzeit und sprachen noch über beiläufigere Dinge. Es fühlte sich wunderbar an, einfach zusammenzusitzen, fast so, als wäre gar keine Zeit vergangen, als wäre nie etwas Schreckliches geschehen. Ich hatte keine Ahnung, wie lange wir hier schon saßen, als ich bemerkte, dass die Leute sich langsam zur Hintertür aufmachten, durch die das Licht von der anderen Seite her in den Raum schien.

»Es ist wohl wieder Zeit für mich zu gehen«, sagte sie. »Ich wünschte, ich müsste nicht, denn ich genieße die Zeit mit dir sehr. Wenn es nicht gegen die Regeln verstoßen würde, würde ich dich mitnehmen.«

»Ich habe dich jetzt nicht zum letzten Mal gesehen, oder? Ich möchte noch nicht gehen. Mir scheint, dass ich noch sehr viel zu lernen habe.«

»Das stimmt«, antwortete sie. »Wir haben alle viel zu lernen. Außerdem kommt es mir so vor, als hättest du die Lektion, für die du hergekommen bist, noch nicht wirklich gelernt. Du kommst dem zwar schon näher, aber da wartet noch mehr auf dich.«

»Ich möchte nicht zu viel lernen«, erklärte ich ihr, »sonst ist das hier womöglich plötzlich alles vorbei.«

»Nichts ist je vorbei, wie du siehst.« Sie zeigte auf ihre Umgebung mit den Menschen, die auf die Tür zugingen. »Nichts ist je vorbei, weil die Liebe immer fortdauert. Das ist die Lektion, die wir alle lernen müssen und die uns der Himmel lehrt.«

Linda erhob sich und ging ebenfalls auf die Tür zu. Ich folgte ihr und hielt sie am Arm fest, bevor sie verschwand.

»Versprich mir, dass du wiederkommst«, sagte ich. »Ich muss dich wiedersehen, selbst wenn es nur noch ein Mal wäre. Bitte versprich es mir.«

Sie lächelte und antwortete: »Versprochen.« Dann küsste sie mich auf die Wange. »Wir sehen uns morgen.«

Sie drehte sich um, ging durch die Tür, und das Licht erlosch.

Kapitel 16

Am nächsten Morgen wachte ich mit einem Gefühl von Schwere und Unwohlsein auf. Es war, als lebte ich in einem Traum, gefangen zwischen zwei Welten und nicht in der Lage zu entscheiden, in welcher ich bleiben wollte. In der einen Welt hatte ich mich in einem trügerischen Wald verloren und schlief im Gästezimmer eines Mannes, dessen einziger Job daraus bestand, die Brücke zwischen Himmel und Erde instand zu halten. In der anderen war ich in eine Unterhaltung mit der Frau vertieft, die ich mehr als alles andere auf der Welt geliebt hatte, die jedoch vor dreieinhalb Jahren auf tragische Weise ihr Leben verloren hatte.

Sollte ich wählen dürfen, dann würde ich ganz sicher bei ihr bleiben und wie die anderen abends die Scheune aufsuchen. Vielleicht gab es ja eine Möglichkeit, auch Angela herzuholen, so dass wir drei wieder eine Familie sein konnten. Auf der anderen Seite war ich nur ein Gast in der Scheune, und wie sollte ich wissen, wie lange ich hier willkommen sein würde? Würde es mir schließlich genau wie der Frau ergehen, die versucht hatte zu bleiben, obwohl ihre Zeit längst abgelaufen war? Während ich noch so im Bett lag, hatte ich mehr Fragen als Antworten im Kopf, und ich hatte keine Ahnung, wofür ich mich entscheiden würde.

Richard klopfte an meine Tür, und der Duft von frischem Kaffee wehte ins Zimmer. »Bist du wach da drinnen?«, fragte er. »Du kannst gern so lange schlafen, wie du willst, aber ich dachte, ich sollte dir zumindest ein Frühstück anbieten.«

»Ich bin in einer Minute fertig«, erwiderte ich, warf die Decke beiseite und stand auf.

»Also gut. Es steht für dich bereit, wenn du soweit bist«, sagte er und ließ mich wieder allein.

Ich zog ein frisches Hemd an, das Richard mir gegeben hatte, und fragte mich, ob er am letzten Abend Klagen über mein Aussehen zu hören bekommen hatte. Ich war für das Abendessen ja nicht nur schrecklich unpassend gekleidet gewesen, sondern hatte auch schon angefangen, leicht zu muffeln. Es gab eine Wasserschüssel im Zimmer, an der ich mir das Gesicht wusch und die Zähne putzte. Bevor ich das Zimmer verließ, nahm ich noch einen letzten tiefen Atemzug, um den Tag zu beginnen.

»Wie spät ist es?«, fragte ich ihn. Meine Handybatterie war schon lange alle, und ich hatte keine Uhr.

»Es ist elf vorbei«, antwortete er und goss mir eine Tasse Kaffee ein. »Ich nehme an, dass dich das gestern Abend ganz schön erschöpft hat. Mach dir keine Sorgen, das ist normal. Fast jedem geht es nach einem Besuch in der Scheune so... Entweder schläft er dann so lange wie du oder gar nicht. Schwer zu sagen, welches von beidem passiert.«

»Ist es wirklich jeden Abend so anders?«, fragte ich, setzte mich an den kleinen Tisch und trank einen Schluck. »Am ersten Abend gab es eine Tanzparty, gestern Abend war dort ein vornehmes Restaurant. Ist das normal?«

»Es ändert sich immer wieder«, erklärte er. »Das ist einer der Gründe, warum die Scheune so gut besucht ist... Die Leute wissen nie, was sie erwartet. Heute Abend könnte es auch eine Disko geben, soviel ich weiß...«

»Oh Gott, ich hoffe nicht«, sagte ich und zog ein langes Gesicht. »Wer entscheidet darüber?«

»Auf diese Frage habe ich bislang keine Antwort. Ich könnte höchstens auf Gott tippen. Ich weiß nur, dass sie, wenn sie durch die Tür hereinkommen, keine Ahnung davon haben, was sie erwartet...«

»Aber wie entscheiden sie, was sie anziehen sollen, wenn sie es nicht wissen?«, fragte ich.

»Das ist ganz leicht zu beantworten, denn für sie läuft es anders als auf unserer Seite. Du müsstest zurück zu deinem Auto gehen, nach Hause fahren und dich umziehen. Sie dagegen brauchen sich ganz einfach nur vorzustellen, wie sie aussehen wollen. Wenn du Linda anschaust, siehst du sie in ihren besten Jahren. Das liegt daran, dass sie sich damals am lebendigsten fühlte, und dieses Gefühl malt ihr die Vorstellung von ihrem Aussehen in den Kopf. Wenn sie wollte, könnte sie etwas anderes wählen. Aber meistens bleiben die Leute bei dem, wie sie sich beim ersten Mal gezeigt haben.«

»Aber es gab auch einen Haufen Leute, die älter waren«, bemerkte ich. »Warum haben sie sich nicht dafür entschieden, wieder jung zu sein?«

»Wie kommst du darauf, dass nicht das die Zeit gewesen sein könnte, in der sie sich am lebendigsten fühlten? Zugleich ist aber auch manchen von ihnen gar nicht klar, dass sie die Macht haben, sich so zu zeigen, wie sie wollen. Das hängt davon ab, wie reif oder erfahren sie auf der Seelenebene sind. Wenn sie nicht wissen, dass sie die Wahl haben, erscheinen sie also so, wie sie zum Zeitpunkt ihres Todes aussahen. Sollte ihnen dann irgendwann aufgehen, dass sie sich auch anders entscheiden können, dann tun sie es mitunter. Das passiert nicht oft, aber ich habe es schon erlebt.«

»Was meinst du, wie oft ich noch dorthin gehen darf?«, fragte ich ihn. »Ich weiß, dass ich heute Abend noch einmal willkommen bin, aber danach...«

»Das kann ich dir nicht sagen. Die meisten Leute, die ich hierhergebracht habe, bekamen nur einen Abend zur Verfügung. Da hast du schon einen Vorsprung. Das Höchste, was ich je miterlebt habe, waren fünf Male, aber das lag daran, dass derjenige wirklich sehr langsam war.« Als er dies sagte, versuchte er, ein Lächeln zu verbergen, aber ich hatte es doch gesehen.

»Was willst du damit sagen? Heißt das, dass ich der Langsamste von allen bin, wenn ich diesen Rekord breche? Ich hätte nichts dagegen, wenn das bedeuten würde, dass ich wiederkommen kann.«

»Es tut mir leid... Und vergiss nicht, dass ich hier draußen nicht sehr viele *lebende* Gäste habe. Um deine Frage zu beantworten: Du wirst so lange eingeladen werden, bis du gelernt hast, was du hier lernen sollst. Und nur du weißt, was das ist.«

»Das hat Linda auch gesagt, aber mir scheint, noch weiß ich es nicht.«

Richard schüttete Müsli in ein Schälchen und bot es mir an. Ich schaute mich nach Milch um, bis ich Richard seins trocken essen sah. Ich tat es ihm nach.

»Bist du dir ganz sicher?«, fragte er. »Was war das Hauptthema in deinem Gespräch mit Linda?«

Ich dachte einen Moment nach, bis die Antwort plötzlich auf der Hand lag.

»Wir haben viel über Vergebung und Schuld geredet. Ich glaube, sie versucht mich dazu zu bringen, Vergebung als den Weg zur Heilung zu sehen und dazu, dass es die einzige Möglichkeit für uns ist, Gnade zu erleben. Wir haben auch viel über Gott und darüber gesprochen, wonach Gott handelt.«

»Und wonach handelt Gott deiner Meinung nach? Pass aber auf, was du jetzt sagst. Du willst schließlich keine Gotteslästerung oder so was betreiben. Du weißt nie, wer noch zuhört.«

»Für Gott ist alles Eines«, antwortete ich, »was eigentlich bedingungslose Liebe bedeutet. Linda hat gesagt, dass wir hier sind, damit wir genauso denken und handeln… und es Gott nachmachen. Wenn wir das tun, erfahren wir Frieden und Glück.«

Richard bemerkte lächelnd: »Ich würde sagen, du lernst schon eine ganze Menge.«

»Diese Dinge habe ich früher auch schon vom Kopf her begriffen, aber jetzt habe ich das Gefühl, dass es tiefer geht. Vielleicht ist das wirklich der Punkt.«

»Ich nenne das gern die Dreißig-Zentimeter-Reise… die Reise vom Kopf ins Herz. Es ist leicht, ein Konzept intellektuell zu verstehen. Solange du es aber nicht verkörperst, ändert das nichts in deinem Leben. Wenn es dann dein Herz erreicht, ändert sich alles. Du beginnst die Wahrheit zu leben und denkst nicht mehr nur darüber nach. Wenn es das ist, was du gerade lernst, dann würde ich sagen, du machst deine Sache gut.«

»Was kommt also als Nächstes?«, fragte ich ihn.

»Das weiß Gott allein, Jimmy… Und das meine ich ganz wörtlich.«

»Darauf zähle ich heute Abend. Vielleicht erscheint er ja und sagt es mir.«

»Oder sie«, bemerkte er, ohne mich anzuschauen.

»Was meinst du damit… Gott ist eine Sie? Und dazu noch Mexikanerin, wie ich höre?!«

Jetzt lächelte mich Richard wieder an. »Gott ist weder ein Er noch eine Sie«, erklärte er. »Ich habe mich immer gewundert, wozu die Menschen es brauchen, dass Gott entweder das eine oder das andere ist. Es ist leicht zu akzeptieren, dass alles in Gott enthalten ist, aber wir stecken so sehr in der Vorstellung von schwarz und weiß oder von männlich und weiblich fest, dass wir das ganz vergessen.«

»Dann lass es mich ganz direkt fragen«, sagte ich. »Hast du Gott gesehen? War Gott je in der Scheune?«

»Ich sehe Gott in diesem Augenblick«, antwortete er ohne zu zögern, »in dir. Ist das nicht genau der Punkt... das Göttliche in jeder Situation wahrnehmen zu können und Gott in jedem Menschen zu sehen, dem wir begegnen? Meine Bereitschaft, das Göttliche in dir zu sehen, bedeutet, dass ich auch offen bin dafür, es in mir selbst zu erkennen. Dann beginnen die Trennlinien zu bröckeln, und Getrenntheit bedeutet immer weniger. Es ist, wie du vorhin schon sagtest: Gott sieht alles als Eines und nicht in Einzelteile getrennt. Wenn wir lernen, es ihm nachzutun, könnte sich alles ändern.«

»...könnte sich alles ändern«, wiederholte ich. »Aber bitte nicht vor heute Abend, wenn's recht ist.«

Kapitel 17

Die Sonne war schon untergegangen, als wir bei der Scheune anlangten. Von draußen hörte ich Stimmen und Lachen und fragte mich, was wir wohl diesmal vorfinden würden.

»Bist du bereit?«, fragte Richard und griff nach dem Türknauf.

»So bereit, wie ich nur sein kann«, antwortete ich.

Er öffnete die Tür, und natürlich sah wieder alles anders aus. Statt des Restaurants gab es heute ein Theaterfoyer mit kleinen Tischen vor einer mittelgroßen Bühne. Durch die Tür mit dem hellen Licht strömten die Leute herein, und viele hatten sich schon ihre Plätze an den Tischen nahe der Bühne gesichert. Es herrschte ein Geräuschpegel im Raum, den es an den anderen beiden Abenden nicht gegeben hatte, und ich fragte mich, worauf die Leute wohl warteten.

»Kommt Elvis heute Abend?«, fragte ich Richard.

»Nein, seit einer Auseinandersetzung mit einer Bardame vor Jahren kommt er nicht mehr.«

Ich schaute ihn an, um herauszufinden, ob er mich veräppelte. Zuerst war sein Gesicht unbewegt, gleich darauf jedoch zeigte mir sein Lächeln, was ich hatte wissen wollen.

»Jetzt im Ernst: Weißt du, was hier heute stattfindet?«

»Ich habe keine Ahnung«, erwiderte er, »ich weiß so wenig wie du... So geht's mir immer Der einzige Unterschied zwischen uns besteht darin, dass mir das jeden Abend passiert. Ich bin daran gewöhnt. Aber sieh nur, ich glaube, ich sehe dort eine wunderschöne junge Frau, die versucht, deine Aufmerksamkeit auf sich zu lenken.«

Ich schaute in die Richtung, auf die er wies, und sah Linda, wie sie mir zuwinkte und Zeichen gab, mich zu ihr an einen Tisch hinten im Raum zu begeben.

»Ich nehme an, das ist mein Stichwort«, sagte ich zu ihm.

»Viel Glück, Jimmy. Bleib einfach offen im Herzen, dann wird alles gut sein.«

Ich ging zu Linda hinüber, die mich ganz vertraut umarmte. Es fühlte sich so an wie immer und wie ich es mein Leben lang nicht vergessen werde. Am liebsten wollte ich, dass es nie endete, und hielt sie ein wenig länger fest.

»Ich bin so glücklich, dass du hier bist«, sagte sie, als sie sich zurückzog, und sah mich an. »Und ich bin wirklich neugierig, was heute Abend passieren wird.«

»Meinst du: zwischen uns oder auf der Bühne?«

»Eigentlich beides. Ich weiß nicht, was auf uns zukommt, aber ich glaube, dass heute mehr Leute da sind als sonst. Im Gegensatz zu mir wissen wahrscheinlich die meisten Bescheid.«

Wir setzten uns an den Tisch, den Linda im hinteren Bereich des Raums ausgesucht hatte. Ich war froh, dass wir uns nicht mitten im Treiben befanden, denn ich wollte vor allem mit ihr sprechen. Die Show interessierte mich nicht besonders, egal, was geboten werden sollte. Im nächsten Augenblick war auch schon der Kellner vom Vortag bei uns, um unsere Bestellung entgegenzunehmen.

»Möchten Sie dasselbe wie gestern, gnädige Frau?«, fragte er.

»Ja, das ist perfekt«, antwortete sie ihm.

»Ich hätte gern etwas anderes«, sagte ich, um nicht das süße Zeug zu bekommen, das Linda so liebte. »Einen Rotwein, vielleicht einen Malbec oder einen Shiraz.«

»Aber gern, Sir. Ich bin gleich wieder zurück.«

Als er ging, wandte ich mich Linda zu.

»Ich habe viel über unser Gespräch gestern Abend nachgedacht«, sagte ich. »Ich glaube, ich kenne jetzt meine Lektion.«

»Sag mir, was du denkst«, erwiderte sie und lehnte sich vor. Da war ein Funkeln in ihren Augen, das mich fast benommen machte. War es schon immer da gewesen, oder bemerkte ich es erst jetzt? Es wirkte wie aus einer anderen Welt, und doch schien es so normal und passend. Es war, als würde sie ihre Seele nicht länger vor mir verstecken, und wenn ich sie nun anschaute, sah ich alles von ihr, nicht nur die begrenzte Persönlichkeit, die man meist bei einem Menschen sieht. Das rührte mich so an, dass ich meinen Blick gar nicht mehr von ihr lösen wollte.

»Das eine Thema, das immer und immer wieder hochkommt, ist die Vergebung«, sagte ich. »Ich war so voller Wut über das, was dir zugestoßen ist, dass ich nicht in der Lage war loszulassen. Solange wir nicht wussten, wer dich getötet hatte, lag mir das wie ein Stein im Magen. Als ich dann hörte, dass jemand die Tat gestanden hatte, hatte ich endlich jemanden, auf den ich all den Hass entladen konnte. Ich denke, dass ich hier bin, um diesen Männern zu vergeben. Das heißt nicht, dass ich nicht will, dass sie verurteilt werden und ins Gefängnis kommen, aber ich weiß, dass ich sie, wenn ich jemals innerlich heilen will, freigeben muss.«

»Du meinst also, dass die Lektion damit zu tun hat, dass du den Männern, die mich getötet haben, vergibst, richtig?«

»Ich glaube es zumindest. Ich versuche jetzt, sie anders zu sehen. Das wolltest du doch sagen, oder?«

»Ja, und auch ich denke, dass es zum Teil der Grund ist, aus dem du hier bist. Ich bin mir nur nicht sicher, ob es der einzige Grund ist.«

Der Kellner kam und stellte vor jeden von uns ein Glas Wein ab.

»Möchten Sie noch irgendetwas anderes?«, fragte er.

»Danke, das wär's«, erwiderte ich.

Als er ging, schaute ich wieder Linda an.

»Du glaubst nicht, dass das alles ist?«, fragte ich. »Was könnte da sonst noch sein? Mehr als drei Jahre lang haben wir gewartet und uns nur hilflos gefühlt, besonders weil wir gar nicht wussten, was eigentlich passiert war. Als ich herausfand, dass sie jemanden hatten, hat das alles, was ich weggedrückt hatte, wieder aufgerührt. Aber zumindest kann ich das jetzt sehen.«

»Noch einmal: Das spreche ich dir nicht ab, aber es gibt noch etwas anderes, das du erkennen musst. Die Lektion, die du zu lernen hast, hat nichts mit jemand anderem zu tun. Sie hat ganz allein mit dir zu tun.«

»Ich glaube, ich verstehe gar nicht, was das heißt. Was ich gesagt habe, hat doch mit mir zu tun... Es hat damit zu tun, dass ich den Männern vergeben muss, die dich getötet haben.«

»Gut, dann lass es mich anders erklären«, erwiderte sie. »Sogar die Wut und der Groll, die du gegenüber diesen Männern empfindest, haben mehr mit dir zu tun als mit ihnen. Sie stellen etwas dar, das sich in deinem Innern befindet, etwas, das du dir nicht anschauen willst. Es ist leichter für dich, deine Wut auf sie zu projizieren, als dir selbst zuzugestehen, dass das Ganze etwas mit dir zu tun hat.«

»Wie könnte deine Ermordung irgendetwas mit mir zu tun haben?«, fragte ich sie.

»Alles, was du wahrnimmst, alles, was du siehst, und alles, was du fühlst, hat mit dem zu tun, was sich in dir befindet. Wir alle tragen Schatten in uns, die wir lieber auf andere Menschen projizieren, um sie nicht sehen zu müssen. Wir sagen uns selbst, dass das alles da draußen stattfindet und nicht in uns. Am Ende aber ist alles in uns selbst vorhanden, und uns bleibt nichts anderes übrig als unsere Herzen zu wandeln. Wenn wir das tun, dann werden wir nicht mehr auf dieselbe Weise getroffen... Wir reagieren nicht mehr von einem Ort des Angriffs aus, sondern können aus Mitgefühl handeln.«

»Ich habe jedes Recht dazu, auf diese Männer oder auf jeden sonst, der etwas so Schreckliches tut, wütend zu sein. Ich verstehe nicht, wieso das ein Zeichen davon sein soll, dass ich derjenige bin, der geheilt werden muss.«

»Du musst tiefer in dich hineinschauen, Jimmy. Da gibt es etwas, das du nicht siehst und dessen du dir bewusst werden musst. Ich versichere dir, dass das der Grund für dein Hiersein ist. Wenn du es erst selber siehst, wirst du alles verstehen... Das verspreche ich dir.«

Ein Mann trat auf die Bühne, und langsam verdunkelte sich der Raum. Ich drehte mich herum, um dem Geschehen folgen zu können.

»Meine Damen und Herren, ich bin so glücklich, dass Sie uns heute Abend bei dieser sehr besonderen Darbietung Gesellschaft leisten. Ich weiß, dass Sie auf die Show gewartet haben, deshalb will ich Ihnen keine weitere Zeit stehlen. Ich bitte um einen warmen Applaus für... den König der Bühnenhypnose Lance DeMille.«

Ein heftiger Applaus folgte, als ein Mann mittleren Alters in einem Smoking die Bühne betrat. Der gepflegte Spitzbart und das glatte rabenschwarze Haar erinnerten mich an die klassischen Zauberer aus den zwanziger Jahren, und offensichtlich verfügte er über eine große Achtung seitens der Anwesenden im Publikum.

»Vielen herzlichen Dank«, sagte er mit tiefer Stimme. »Ich bin sehr glücklich, dass ich wieder hier sein darf und die Gelegenheit bekomme, dem Unterbewusstsein seine Geheimnisse zu entlocken. Es gibt ein Land der Rätsel, eine ganze Welt von Aktivitäten, derer wir uns in unserem Alltagsleben nicht bewusst sind, und die jede unserer Entscheidungen beeinflussen. Es ist wie ein riesiger Ozean, der mehr Information enthält, als es sich unser bewusster Verstand auch nur träumen lassen würde, und der in der Lage ist, Informationen in einer uns unvorstellbaren und unbegreiflichen Geschwindigkeit zu verarbeiten. Und noch dazu ist das alles vollkommen natürlich. Hypnose ist nichts, was nur geschieht, wenn wir uns in die Hände eines erfahrenen Fachmannes begeben, wie ich einer bin, sondern es geschieht tagtäglich unter den gewöhnlichsten Umständen. Ich würde sogar so weit gehen zu sagen, dass wir Dutzende von Malen pro Tag dem Bann der Hypnose anheimfallen, ohne es zu merken. Heute Abend jedoch werden wir etwas ganz anderes tun. Heute Abend werden Sie die Gelegenheit bekommen, bei mir hier auf der Bühne dieses Phänomen selbst zu erfahren... natürlich nur, wenn Sie mutig genug dazu sind.«

Als nun wieder Applaus in der Scheune ertönte, wandte ich mich Linda zu.

»Das finde ich jetzt wirklich erstaunlich. Willst du wissen, warum?«, fragte ich. »Am ersten Abend, als wir uns kennenlernten, sind wir zu einem Hypnotiseur gegangen, weißt du noch? Zusammen mit deiner Schwester und meinem Freund Curtis sind wir zu einem Lokal namens Sally's Stage gegangen. Kannst du dich daran erinnern?«

»Ja«, erwiderte sie. »Und dann gingen wir zu der Bar... Cheers. Ich fragte mich gerade, was eigentlich danach passiert ist. Kannst du mir das nochmal sagen?«

»Na ja, ich weiß noch, dass wir die Bar verließen und ich dich zu deiner Wohnung begleitete, die nur ein paar Häuser weiter lag. Diesen Augenblick werde ich nie vergessen, denn da habe ich dich zum ersten Mal geküsst. Wir standen vor der Tür, und es war ja so romantisch. Du bist dann allein hineingegangen, aber gar nicht lange danach waren wir schon richtig zusammen. Ein paar Wochen später bin ich bei dir eingezogen, und zusammen haben wir in dieser winzigen Einzimmerwohnung gelebt. Es war eine großartige Zeit.«

»Hör nicht auf«, bemerkte sie.«Erzähl mir alles, was dir einfällt.«

»Was meinst du damit?«, fragte ich. »Willst du einfach, dass ich weiterrede?«

»Ich möchte, dass du mir all das erzählst, woran du dich erinnerst«, erklärte sie und sah dabei so aus, als wisse sie schon, was als Nächstes passieren würde.

»Na gut«, antwortete ich und rückte mich auf meinem Stuhl zurecht. »Wir haben dort gelebt, ungefähr bis wir geheiratet haben und in eine größere Wohnung gezogen sind. Dann kam Angela, und wir waren eine Familie. Es war die glücklichste Zeit meines Lebens, und ein paar Jahre lang lief alles wunderbar. Aber nach einer Weile begann ich mit meiner Arbeit sehr unzufrieden zu sein, ich konnte sie einfach nicht länger ertragen. Ich fand, dass wir nach Oregon ziehen und der Welt dienen sollten. Ich weiß nicht, warum ich so extrem sein musste, denn dich riss das förmlich entzwei. Wir zogen tatsächlich um, aber etwa einen Monat später trennten wir uns.«

»Wir haben uns getrennt, nachdem wir nur einen Monat in Oregon waren?«

»Ja, wir haben uns getrennt, weil du dort gar nicht sein wolltest, während für mich ein neues Leben begann. Ich hätte unsere Ehe retten können, wenn ich gewollt hätte, aber ich steckte so sehr in meinem eigenen Chaos, dass ich nicht wusste, wie.«

»Ich möchte das gern sehen«, sagte sie.

An dieses Ansinnen war ich ja schon gewöhnt, so dass ich es schon fast erwartet hatte. »Was möchtest du sehen?«, fragte ich sie. »Welchen Teil?«

»Überlass es deinem Herzen, uns zu der Szene zu führen, die uns das meiste lehrt«, antwortete sie und griff nach meiner Hand. Ich schaute ihr wieder tief in die Augen.

»Zu der Szene, die uns das meiste lehrt«, wiederholte ich. »Keine Ahnung, was das sein könnte.«

»Das ist egal, hab einfach Vertrauen. Halte meine Hand fest und entspanne dich. Du hast es schon zweimal gemacht, es sollte dir leicht fallen.«

Leicht war nicht gerade das Wort, das ich verwendet hätte, um die Erfahrung zu beschreiben. Desorientierend und verwirrend vielleicht, aber nicht leicht. Ich holte tief Luft, ließ meinen Blick weich werden und mich von Lindas Ausstrahlung umhüllen. Ich bemerkte, dass sie – vielleicht die Wirkung des weißen Hintergrunds – ein feiner Schein umgab, der, solange ich meinen Blick nicht auf ihn fokussierte, noch weiter anwuchs und pulsierte. Außerdem bemerkte ich, dass mein Herz, während der Schein weiter anwuchs, zu schwimmen schien, als wollte es wegfließen. Ich beschloss, diesem Gefühl nicht zu widerstehen, sondern zu schauen, wohin es uns führte. Innerhalb von Sekunden begann sich alles in der Scheune aufzulösen, und mir war, als würden wir durch die Wolken in die Höhe steigen. Als wir wieder zu sinken begannen, konnte ich die Stadtlandschaft unter mir sehen. Eigentlich hatte ich erwartet, dass es Chicago sein würde, aber ich hatte mich getäuscht. Ich konnte weder den *Sears Tower* noch das *John Hancock Center* oder den Michigansee sehen. Dann sah ich etwas, das mir sofort sagte, wo wir waren: den *Gateway Arch* von St. Louis.

Wie lautlose Segelflieger stiegen wir über der Stadt auf und schwenkten dann nach links, als wollten wir sie hinter uns lassen. Wir überquerten den Fluss, so dass wir nun auf dem Weg zurück nach Illinois waren, dann flogen wir tiefer. In der Ferne konnte ich Häuser und Felder sehen, nichts jedoch, was ich hätte genauer erkennen oder identifizieren können. Dann bemerkte ich einen Landstrich mit Hügeln und kurvenreichen Wegen, es musste ein Park oder ein Naturschutzgebiet sein. Darin war so etwas wie ein riesiges Freilufttheater mit einer Bühne und einem gewölbten Dach darüber zu erkennen. Um das Fundament der Bühne herum schwangen sich Arme aus Stein, die oben zusammenliefen und am obersten Ende eine nadelartige Spitze trugen. Zuerst war ich verwirrt und fragte mich, ob ich je dort gewesen war, bis es mich ganz plötzlich und entmutigend überfiel.

»Oh Gott«, sagte ich innerlich, so dass sie mich hören konnte. »Ich weiß, wo wir sind… es heißt *Our Lady of the Snows* und ist ein katholischer Wallfahrtsort. Aber warum ausgerechnet dieser Ort?«

»Sind wir je hier gewesen?«, spürte ich sie fragen.

»Ja… und ich habe wirklich versucht, es zu vergessen. Ich glaube nicht, dass ich das hier tun kann. Ich möchte weg von hier. Bitte, Linda, zwinge mich nicht dazu, noch einmal dorthin zu gehen.«

»Bleib bei mir«, drängte sie mich. »Wenn deine Seele uns hierhergebracht hat, muss es einen Grund dafür geben.«

»Es gibt einen Grund«, antwortete ich. »Einen ganz gewaltigen. Und genau deshalb will ich nicht hier sein. Ich will das nicht sehen.«

Aber da war es schon zu spät.

Kapitel 18

Ich spürte, wie mein Geist sich zurückziehen und – in dem vergeblichen Versuch davonzulaufen – den Rückwärtsgang einschalten wollte. Stattdessen hielten wir, als hätte ich keine Kontrolle darüber, auf das gewaltige Grundstück zu, während mein Herz rasend schnell schlug. Ich erinnerte mich nur zu gut an das, was hier vor zwanzig Jahren geschehen war, aber mir war nicht klar gewesen, wie tief es sich in mein Bewusstsein eingegraben hatte. Meine Eingeweide verkrampften sich, als ob sie damit den unweigerlichen Sinkflug verhindern könnten. Dann schwebten wir über einen kleinen Brunnen, in dessen Mitte sich lauter Glockenskulpturen befanden.

»Das ist der *Annunciation Garden*«, sagte ich. »Ich erinnere mich… und ich weiß noch, wann wir herkamen. Es ist der letzte Ort, an dem ich jetzt sein will.«

»Erzähl mir davon«, sagte Linda, während wir uns an dem Wasserbecken vorbei und einen kleinen Weg hinauf bewegten, der zu mehreren Gebäuden führte, die in der Ferne vor uns zu sehen waren.

»Ich war damals im Vertrieb... Ich glaube, es war weniger als zwei Jahre, nachdem wir geheiratet hatten. Ich arbeitete für eine Firma namens *Craftmatic*... und verkaufte verstellbare Betten. Ich hasste diese Arbeit, aber ich war gut darin. Ich ging zu Leuten nach Hause und machte ihnen solchen Druck, dass sie etwas kauften. Eines Tages wurde ich mit verschiedenen Terminen nach St. Louis geschickt und dachte, dass es nett wäre, dich und Angela mitzunehmen. Ich war schon einmal hier gewesen und stellte mir vor, dass ihr hier spazieren gehen könntet, während ich unterwegs war. Da vorn ist ein Hotel. Ich glaube, dass wir uns ohnehin gerade darauf zu bewegen.«

»Aber warum war diese Reise so bedeutend?«, fragte sie in mir.

Ich antwortete nicht, denn dann hätte ich etwas zugeben müssen, dem ich mich nicht stellen konnte. Stattdessen beobachtete ich, wie sich die Ereignisse entwickelten, während wir uns dem Hotel näherten. Ich bemerkte einen kleinen Ford Escort auf dem Parkplatz, aus dem ein Pärchen ausstieg. Ich schaute zu, wie Linda die hintere Autotür öffnete und Angela, die im Kindersitz saß, von ihrem Sicherheitsgurt befreite. Es war erstaunlich, meine kleine Tochter zu sehen, wie sie auf den Asphalt sprang und sich reckte und streckte, froh, endlich nicht mehr im Auto gefangen zu sein.

»Mammi«, sagte Angela. »Ich muss mal... ich muss Pipi.«

»Wir sind gleich da«, erklärte ihr Linda und nahm sie bei der Hand. »Dein Papa wird uns einchecken, dann gehen wir ins Zimmer, und du kannst gleich aufs Klo.« Dann wandte sie sich mir zu. »Ich bin erschöpft und hungrig. Gibt es hier irgendwo etwas, wo wir essen können?«

»Ich glaube, gleich gegenüber ist ein Restaurant«, antwortete ich. »Warum geht ihr nicht schon mal hinüber, während ich uns einchecke. Sie kann dort auf die Toilette, und ich komme sofort nach.«

Linda und Angela gingen also direkt über die Straße, während ich die Rezeption betrat. Ich spürte, wie ich als älteres Ich darüber schwebte und mir dabei zuschaute, wie ich für das Zimmer bezahlte und dann die Straße überquerte, um mich den anderen anzuschließen.

»Ist gar nicht so übel hier, oder?«, fragte ich, als ich mich zu ihnen an den Tisch setzte. »Es gibt kleine Pfade mit Bildstöcken überall auf dem Gelände. Wenn ich unterwegs bin, könnt ihr alles erkunden.«

»Es war eine gute Idee«, antwortete sie. »Aber noch lieber hätte ich ein Hotel mit Pool gehabt…«

Wir aßen zusammen Abendbrot und holten dann unsere Koffer aus dem Auto. Wenige Minuten später waren wir im Zimmer, wo Linda Angela zum Schlafengehen fertig machte, während ich mich für meine Termine am nächsten Tag vorbereitete.

»Die Frau an der Rezeption sagte, sie hätten einen internen Sender im Fernsehprogramm«, sagte ich. »Sie zeigen unten einen Kinofilm, der auf Kanal 3 in jedem Hotelzimmer läuft. Heute Abend gibt es einen Film, den ich gesehen habe, als ich bei den Franziskanern war: Bruder Sonne, Schwester Mond. Das ist ein Film über den Heiligen Franziskus, mein absoluter Lieblingsfilm.«

»Ich möchte sie gern erst ins Bett bringen, bevor du einschaltest«, sagte Linda. »Sie ist wirklich müde, es wird bestimmt nicht lange dauern.«

Als der Film eine Viertelstunde später begann, machten wir es uns zusammen auf dem Bett gemütlich. Dieser Film von Franco Zeffirelli erinnerte mich an den, der ich einmal war, als ich jünger war und den berstenden Wunsch verspürte, der Welt zu dienen, und ich war begierig darauf, das mit Linda zu teilen. Kaum hatte der Film begonnen, spürte ich schon, wie er auf mein Bewusstsein einwirkte, allerdings viel weniger sanft, als ich es mir vorgestellt hatte. Die Geschichte des Heiligen Franziskus berührte einen Teil von mir, der jahrelang geschlafen hatte, und zwar den Teil, der wusste, dass ich dazu geboren war, die Welt zu verändern und ein außergewöhnliches Leben zu führen. Er zeigte mir, wie weit sich mein Leben von diesem Ideal entfernt hatte. Ich liebte meine Familie und war glücklich darüber, dass ich Linda geheiratet hatte, aber der Gedanke daran, dass ich mein Leben lang verstellbare Betten verkaufen könnte, erfüllte mich mit blanker Angst. Ich dachte an die unglücklichen Männer in ihren Vierzigern und Fünfzigern, die dieselbe Arbeit machten wie ich. Falls ich so enden sollte wie sie, um nur von einem Gehalt zum nächsten zu leben und etwas zu verkaufen, woran ich nicht glaubte, dann wusste ich nicht, was ich tun würde. Ich dachte an den erst fünfundvierzigjährigen Martin Lloyd, der sich im Jahr davor das Leben genommen hatte. Würde ich genauso enden, wenn ich, vergessen vom Leben und von den Träumen, die ich hatte verkümmern lassen, dabei blieb?

Eine halbe Stunde fehlte noch bis zum Ende des Films, aber ich hielt es nicht mehr länger aus. Ich stand auf und zog meine Jacke an.

»Wohin gehst du?« fragte Linda offensichtlich überrascht.

»Ich brauche ein bisschen frische Luft«, antwortete ich. »Außerdem hab ich was im Auto vergessen. Ich hole es schnell, bevor ich zu müde bin.«

Ich verließ das Zimmer und schloss die Tür hinter mir. Als älteres Ich fühlte ich mich dem jüngeren den Korridor hinterherschweben.

»Warum bist du so weggegangen?«, fragte mich die ältere Linda in mir. Sie war natürlich verwirrt von all dem, was sie da beobachtete.

»Weil ich es nicht länger aushielt zuzuschauen. Ich erinnere mich an den Moment so, als wäre er gestern gewesen. Dieser Film erinnerte mich daran, wer ich war und wozu ich lebte, und er zeigte mir, wie weit ich mich davon entfernt hatte. Es war nicht dein Fehler, Linda... Ich war derjenige, der zuließ, dass es passierte.«

»Es fühlt sich wie ein Wendepunkt an«, sagte sie. »In diesem Moment hat sich dein Leben in eine andere Richtung weiterbewegt, stimmt's?«

»Ja, ich fürchte nur, dass ich das Ergebnis oder zumindest einen Teil davon nicht mag.«

Wir schauten zu, wie ich nach draußen ging und mir eine Zigarette anzündete. Wir befanden uns in diesem Augenblick vor meinem jüngeren Ich, und was ich sah, war der blanke Horror auf meinem Gesicht. Ich lief mit schnellen Schritten und völlig ziellos umher. Es wirkte fast so, als wäre ich betrunken, dabei hatte ich an jenem Abend nichts getrunken. Schwebend folgte ich mir selbst, schlängelte mich dabei durch die Bäume und fragte mich, ob ich in diesem Zustand gleich hinfallen würde. Dann aber sah ich mich plötzlich mit einem starren, nach vorn gerichteten Blick stehen bleiben. Es war, als ob mich damals unversehens ein tiefer Frieden überkommen hätte. Ich stand ein paar Sekunden lang still, warf dann die Zigarette zu Boden, drehte mich um und lief zurück zum Wagen. Nachdem ich in der Jackentasche nach den Schlüsseln gesucht hatte, schloss ich die Tür auf und startete den Motor. Ich fuhr den Wagen schneller als nötig aus dem Parkplatz heraus und brauste auf die Straße zu. Sekunden später war das Auto verschwunden. Als älteres Ich schwebte ich unruhig weiter über dem Parkplatz.

»Wohin fährst du da?«, fragte mich Linda.

»Ich habe keine Ahnung, wohin ich gefahren bin«, antwortete ich. »Ich versuche nicht auszuweichen… Ich weiß es wirklich nicht mehr. Um die Wahrheit zu sagen: Ich glaube nicht, dass ich damals auch nur die leiseste Ahnung gehabt habe, wohin ich fuhr. Ein Teil von mir wollte den ganzen Weg zurück nach Chicago fahren. Vielleicht habe ich zu Beginn sogar diese Richtung eingeschlagen.«

»Wie lange warst du fort?«

Ich spürte, wie meine Eingeweide einfroren, und wollte ihr nicht antworten. Ich hatte eine schreckliche Sünde begangen gegenüber der Frau, die ich liebte, und nun forderte dieselbe Frau eine Erklärung von mir. Damals hatte ich den einen Fehler begangen, der mich mehr kosten sollte, als ich damals hätte ahnen können, und ich fühlte mich entsetzlich schuldig. Zu der Zeit konnte ich es noch nicht wissen, aber es war der Beginn vom Ende unserer Ehe.

»Ich kam nicht vor dem Mittag des nächsten Tages wieder zurück«, brachte ich schließlich heraus. »Ich konnte zwar die Vorstellung nicht aushalten, dass ich mein Leben wegwarf, zugleich konnte ich mir aber auch nicht vorstellen, meine Familie zu verlassen. Trotzdem habe ich in jener Nacht den Samen dazu gesät, und danach war nichts mehr so wie vorher.«

»Was sagte ich, als du zurückkamst?«

»Du warst natürlich außer dir vor Wut. Wie jeder gesunde Mensch dachtest du, dass irgendetwas Schreckliches passiert wäre. Ich versuchte dir den ganzen nächsten Tag zu erklären, dass mein Leben – abgesehen von meiner Ehe – bedeutungslos war. Ich wollte unbedingt meine Arbeit kündigen und etwas tun, das die Welt veränderte. Ich wusste damals nicht, was das sein könnte, aber mir war klar, dass wir woanders hin mussten. Davon wolltest du aber nichts wissen. Du warst glücklich mit dem Status quo. Du musstest nicht arbeiten und kümmertest dich um Angela. Für dich war alles perfekt, während ich am Ende war und nicht wusste, was ich dagegen tun sollte.«

»Und was geschah dann?«

»Zwei Wochen später packten wir alles in einen Transporter und verließen Chicago. Wir hatten schließlich den Kompromiss gefunden, nach Oregon zu ziehen, wo ich für Ken Keyes arbeiten konnte, der ein Institut für persönliches Wachstum eröffnet hatte. Es war zwar nicht, was du wirklich wolltest, aber es war immer noch besser, als in einem Indianerreservat zu leben, wohin ich eigentlich gewollt hätte.«

Ich spürte das bekannte Ziehen: Wir verließen den Ort des Geschehens, um wieder zur Scheune zurückzukehren. Sekunden später glitten wir durch den Raum, und ich war dankbar, dass ich den Wallfahrtsort endlich verlassen konnte. Zudem hatte ich das Gefühl, dass Linda stiller war als davor, als wäre sie aufgrund von all dem, was sie durch meine Augen gesehen hatte, tief in Gedanken versunken. Es erfüllte mich mit einer seltsamen Angst, nicht unähnlich dem Gefühl, mit dem ich mich damals ins Auto gesetzt hatte und auf etwas zugefahren war, das ich damals unmöglich hätte verstehen können.

Verlor ich sie nun noch einmal? Sie hatte dasselbe wie ich gesehen und verstand nun, warum sie mich nie zurückgewollt hatte, obwohl ich über so viele Jahre bemüht gewesen war, meinen Fehler wiedergutzumachen. Ich stand im Begriff, sie ein zweites Mal zu verlieren, und schien nichts dagegen tun zu können. Während wir durch die Wolken zurück zur Scheune schwebten, spürte ich, wie mir das Herz schwer wurde.

Wie oft muss ich dafür noch bezahlen?, dachte ich bei mir.

Kapitel 19

Als ich die Augen aufschlug, waren wir wieder in der Scheune, wo mich Linda traurig anschaute.

»Was denkst du gerade?«, fragte ich sie.

»Ich denke, dass es für dich schrecklich gewesen sein muss, das anzuschauen«, sagte sie ganz überraschend. Ich hätte schwören können, dass sie wütend sein würde über das, was ich getan hatte, und darüber, was es mit ihr und Angela gemacht hatte. Stattdessen war sie mit ihren Gedanken bei *mir*, als ob das Ganze zu meiner Unterstützung eingefädelt worden wäre.

»Es war schrecklich«, bestätigte ich, »aber nicht so schrecklich, wie es das für dich war. Dir war einfach der Boden unter den Füßen weggezogen worden. Du hattest gedacht, du hättest einen kleinen Urlaub, und stattdessen drehte dein Mann durch und begab sich auf den Weg in die komplette Unsicherheit.«

»Ich bin sicher, dass das hart war, und ich kann mir vorstellen, dass du unglaubliche Opfer hättest bringen müssen, wenn du geblieben wärst«, sagte sie.

»Unglaubliche Opfer?«, fragte ich sie. »Ich glaube, ich verstehe nicht, was du meinst.«

»Na ja, du sagst gerade, dass du, wenn du in der Ehe geblieben wärest, einen Großteil der Dinge, die du tun wolltest, nicht hättest tun können. Du sagtest, dass du einen starken Wunsch danach verspürtest, die Welt zu verändern. Hab ich dich da richtig verstanden?«

»Ich erinnere mich, dass ich so etwas fühlte«, gab ich zu und lehnte mich zurück. »Ich erinnere mich, dass ich diesen Drang verspürte, etwas Großes und Außergewöhnliches zu vollbringen, und dass ich mich zu dem Zeitpunkt ganz gewiss nicht in diese Richtung bewegte.«

»Ja, ganz sicher nicht. Du stecktest in einer Ehe und in einer Familie fest, die dich davon abhielten, die Welt so zu verändern, wie du es dir wünschtest. Du wolltest Bücher schreiben und Filme drehen, und das wäre nicht geschehen, wenn du geblieben wärst.«

Mein Magen verkrampfte sich, und ein Gefühl der Schwere drückte mich nieder. Sie sprach genau das aus, womit ich mich zwei Jahrzehnte lang gerechtfertigt hatte, all die selbstgerechten Entschuldigungen, die mich fast edel hatten erscheinen lassen, weil ich dafür bereit gewesen war, die Ehe hinter mir zu lassen. *Ich wollte die Welt retten. Ich wollte ihr meinen Stempel aufdrücken.* Damals hatte all das einen Sinn ergeben. Als nun jedoch Linda die Gründe aufzählte, schienen sie an Höhe zu verlieren.

»Ja, wahrscheinlich wäre das nicht geschehen«, sagte ich endlich.

»Ich möchte dir nur noch eine einzige Frage stellen«, fuhr sie fort und sah mich dabei voller Mitgefühl an. »Wenn das stimmt... Wenn du nicht mit mir zusammenbleiben und dafür aber all diese Dinge tun konntest... Warum hast du dann deine Entscheidung so lange bereut? Warum hast du so hartnäckig versucht, mich zurückzugewinnen, und so viele der Entscheidungen bereut, die du getroffen hattest, als ich noch lebte?«

Es war, als wäre ich gerade mitten ins Herz geschossen worden. Ich wusste die Antwort auf ihre Frage, aber ich konnte sie nicht laut aussprechen. Ich wollte ihr sagen, dass ich Unrecht hatte, dass ich mir das alles nur ausgedacht hatte. Mein Begehren, die Ehe hinter mir zu lassen, hatte nichts zu tun gehabt mit meinem Wunsch, der Welt einen Stempel aufzudrücken. Das war nur eine faule Ausrede, eine Rechtfertigung gewesen, die mich hatte gut dastehen lassen, während ich doch die Familie, die mich liebte, verließ. In Wirklichkeit war ich zu Tode verängstigt gewesen. Ich war fünfundzwanzig Jahre alt und hatte nicht die leiseste Ahnung, wer ich war und was ich machte. Ich fühlte mich ganz einfach nicht in der Lage dazu, Kinder aufzuziehen. Die Welt, die ich mir aufgebaut hatte, schloss sich wie ein Schraubstock um mich herum, und ich wusste nicht, was ich dagegen tun sollte. Als wir zusammen in St. Louis waren, ergriff ich die Gelegenheit, die sich mir plötzlich darbot. Letztendlich hatte es nichts damit zu tun gehabt, dass ich meiner Vorsehung folgte. Es war nichts weiter gewesen als der verzweifelte Versuch davonzulaufen.

Die Stimme des Hypnotiseurs drang an mein Ohr. »Nun ist es Zeit, loszulassen und in einen tiefen Schlaf zu fallen, in dem alles ruhig und entspannt ist.« Ich schaute zur Bühne hoch und sah, dass er eine neue Gruppe von Leuten um sich hatte, die – wie die anderen – schnell in seinen Bann fielen.

»Da ist noch eine zweite Frage, die ich dir stellen möchte«, sagte Linda und zog damit meine Aufmerksamkeit wieder an unseren Tisch zurück. »Wie hängt all das, was du mir erzählt hast, mit meinem Tod zusammen?«

»Wie es damit zusammenhängt? Gar nicht. Das war alles achtzehn Jahre vor deiner Ermordung passiert, wie könnte es also damit zusammenhängen?«

»Denk nicht mit dem Verstand darüber nach«, erklärte sie. »Denk mit dem Herzen, mit den Gefühlen. Worin ähnelten sich diese Situationen?«

Die Worte kamen mir so schnell aus dem Mund, dass ich sie weder interpretieren noch stoppen konnte, und der Schock, den sie durch mich hindurch jagten, überwältigte mich geradezu. Ich versuchte noch, sie zu bremsen, aber Lindas Anweisungen waren stärker, und so trafen mich meine eigenen Worte völlig unvorbereitet.

»Sie haben zwar deinen Körper getötet, aber ich habe unsere Ehe getötet«, sagte ich, während mir Tränen über die Wangen liefen. »Ich habe sie getötet, weil ich so eigennützig und dumm war. Mein Wunsch fortzugehen hatte nichts mit den Dingen zu tun, die ich behauptete… also damit, dass ich der Welt einen Stempel aufdrücken wollte. Ich hatte einfach Angst! Ich wusste nicht, was ich sonst tun sollte! Wenn ich es nicht vermasselt hätte, dann hätten sie es nie geschafft, dich zu verletzen. Du bist wegen mir getötet worden…, *weil ich nicht da war, um dich zu schützen.*«

Linda griff nach meiner Hand, als ich den Oberkörper auf den Tisch sinken ließ und zu weinen begann. Die Geräusche im Raum mischten sich zu einer Kakophonie, die mir die Eingeweide durchschüttelte, und ich drückte ihre Hand in der Hoffnung, dass mich das zusammenhalten könnte. Jetzt hatte ich begriffen, warum ich hier war und was ich hatte lernen sollen. Ich dachte, ich wäre gekommen, um den Männern zu vergeben, die Linda umgebracht hatten, dabei war ich in Wahrheit hier, um mir selbst zu vergeben.

»Es ist in Ordnung«, sagte sie zu mir und beugte sich vor. »Du hast nichts Falsches getan… Das ist es, was du endlich verstehen musst. Du hast es damals so gut gemacht, wie du konntest. Jetzt ist es Zeit, dass du dich entspannst und den Ort in dir heilst, der bisher nicht loslassen konnte.«

»Aber ich kann das nicht loslassen«, erwiderte ich. »Ich bin verantwortlich dafür. Ich war so eingesperrt in meinen Schmerz und meine Schuld, dass ich nicht in der

Lage war, die Verantwortung für meine Rolle darin zu tragen. Sie war zu groß für mich. Schlussendlich.... war ich derjenige... es lag alles nur daran, dass ich nicht stark genug war.«

Sie fasste mir unter das Kinn und hob mir sanft den Kopf an, um mir in die Augen schauen zu können.

»Aber jetzt bist du stark genug«, sagte sie. »Wenn es eine Lektion gibt, die du aus all dem, was hier vor sich geht, lernen kannst, dann ist es die, dass die Zeit nicht diese undurchdringliche Wand ist, für die du sie hieltest. Du kannst die Vergangenheit heilen, wenn du dich dafür entscheidest, dich selbst genau jetzt zu heilen. Ich bin nicht getötet worden, weil du irgendetwas getan hast. Was mir geschehen ist, hatte nichts mit dir zu tun. Es war wichtig für dich zu verstehen, warum du diese bestimmte Wahl getroffen hast. Da du das jetzt verstehst, ist es jetzt an der Zeit, in die Zukunft zu schauen. Es ist an der Zeit, dass du dir selber vergibst.«

»Ich weiß nicht, ob ich mir selbst vergeben kann.«

Sie machte eine kleine Pause, bevor sie antwortete: »Ich möchte gern, dass du begreifst, dass es nicht nur um diesen einen Augenblick geht. Es hat mit vielen anderen Dingen zu tun, die du jetzt in diesem Moment nicht verstehen kannst.«

»Was meinst du damit?«, fragte ich und sah sie an.

Sie schwieg wieder einen Moment und schaute mich dann sehr direkt an, als wollte sie etwas sagen, wisse aber nicht genau wie. Ich war kurz davor, den Grund für all das zu begreifen, was gerade geschah, und wollte mich nicht damit zufriedengeben. Wortlos flehte ich sie an fortzufahren.

»Erinnerst du dich an das Auto?«, fragte sie schließlich. »Was ist dort passiert?«

»Du sagtest, dass es eine Zeitschiene gab, auf der wir in den Abgrund gestürzt und alle gestorben sind, und eine andere, auf der das nicht geschehen ist.«

»Ja... Solange du an dem Schmerz festhältst, kannst du den anderen Teil von dir nicht freigeben. Verstehst du, was ich dir sage?«

»Nein, immer noch nicht«, antwortete ich. »Was meinst du damit?«

»Ich habe dir erklärt, dass das Einzige, was wir aus der einen in die andere Welt mitnehmen, die Liebe ist, stimmt's? Das ist zwar wahr, aber es gibt noch etwas, das uns davon abhält, diese Liebe zu spüren, selbst wenn sie uns umgibt. Und das ist die Schuld. Wenn du es nicht schaffst, die Schuld, die du verspürst, loszulassen, dann kannst du dich nicht in die Welt bewegen, in die du hineingehörst. Verstehst du jetzt, was ich sage?«

»Ehrlich gesagt, nein. Willst du damit sagen, dass die Schuld, die ich bezüglich dessen fühle, was dir zugestoßen ist, den Teil von mir einschränkt, der in den Abgrund gestürzt und gestorben ist? Aber wie soll das möglich sein?«

»Das ist möglich, weil alles miteinander verbunden ist«, sagte sie und griff drängend nach meinem Arm, um dem, was sie sagte, Nachdruck zu verleihen. »Es ist ja nicht so, dass ein Teil von dir hier und ein anderer, völlig davon abgetrennter Teil irgendwo in der Welt wäre. Es gibt nur ein Ganzes, und die Entscheidungen, die du an dem einen Ort triffst, erfährst du an dem anderen. Du kannst das unmöglich mit dem Verstand erfassen, deshalb sage ich dir die ganze Zeit, dass du mit dem Herz versuchen sollst zu verstehen. Denn nur das Herz kann das.«

»Wo bin ich denn nun eigentlich? Du sagst die ganze Zeit, dass ich das Autowrack gesehen habe, weil es einen Aspekt von mir gibt, der tot ist wie du... Wo ist denn nun dieses *Ich*?«

»Was meinst denn du, wo es wohl ist?«, fragte sie. »Du sprichst darüber, als wärest du irgendwo anders, als würde es nicht im gegenwärtigen Augenblick passieren. Du musst jetzt langsam die Wahrheit erkennen... und die Tatsache, dass die Antwort direkt vor dir liegt. *Sie liegt in diesem Augenblick direkt vor dir.*«

Ihre Worte trafen mich mitten ins Herz, und plötzlich war mir, als würden alle Puzzleteile zusammenpassen. Plötzlich ergab alles einen Sinn. Alles, was ich erlebt hatte, seit ich an den Abgrund gekommen war, und alles, was in der Scheune geschehen war, wurde mir jetzt klar. Ich ließ mich auf meinem Stuhl zurückfallen und holte tief Luft.

»Er ist genau hier«, sagte ich. »Er ist direkt vor mir. Das ist der Teil von mir, der gestorben ist, stimmt's?

Ich dachte nur, dass ich noch lebte, weil ich mich der Schuld, die ich fühlte, nicht stellen wollte. Deshalb bin ich jetzt hier. Ich wandere nicht auf der Grenze zwischen zwei verschiedenen Welten. Ich war die ganze Zeit hier.«

»Ja«, erwiderte sie, »du warst die ganze Zeit hier bei mir.«

»Und was ist mit dem Teil von mir, der sich nicht im Himmel befindet?«

»Es gibt keinen Teil von dir, der nicht im Himmel ist, Jimmy. Aber man kann schon glauben, dass man sich dazwischen befindet.«

»Dazwischen?«, wiederholte ich. »Wie kann ich zwischen Himmel und Erde sein?«

Linda schaute mich wieder an, als wollte sie etwas sagen, könnte es aber nicht. Ihre sanften Gesichtszüge lösten sich auf und machten einem Ausdruck der Traurigkeit Platz, während ich versuchte, alles auf einmal zu verdauen. Plötzlich schien es mir noch etwas zu geben, das sie zu sagen vermied.

»Was ist es, was du mir verschweigst?«, fragte ich sie.

Sie sah mich aus traurigen Augen an. »Es tut mir leid. Was ich sagen wollte, war, dass du schon glauben kannst, du seist zwischen den Welten, aber in Wirklichkeit ist das nicht möglich. Du bist immer hier gewesen, aber du hattest Angst. Du – oder zumindest der Teil von dir, der in dem abstürzenden Auto saß – warst nicht in der Lage loszulassen. Das heißt, dass du nicht ganz von der einen

Welt in die andere, nämlich in den Himmel, hinüberwechseln konntest.«

»Ich konnte dir am Ende des Abends nicht durch die Tür folgen... Meinst du das? War ich also gewissermaßen im Fegefeuer?«

Wieder schaute sie weg von mir, als wäre die Frage gewichtiger, als ich dachte. »Das könnte man so sagen, ja... in einem selbst auferlegten Fegefeuer.«

»Und was ist mit Richard? Welche Rolle spielt er in dem Ganzen?«

Ich schaute zu ihm hinüber und stellte fest, dass er offenbar schon die ganze Zeit zu uns herüberschaute. Er war von einem Glanz umgeben, der sich von allem anderen, was geschah, abhob. Als er mich anlächelte, war mir auch das plötzlich klar.

»Na ja, Richard ist... wahrscheinlich könnte man sagen, dass er dein Engel ist«, sagte Linda. »Er hat die ganze Zeit über dich gewacht.« Sie beugte sich vor und legte ihre Hand über die meine. »Du bist nie allein gewesen, verstehst du. Du musstest nur an den Punkt kommen, an dem du dich geschützt genug fühlen konntest, um dir selbst zu vergeben. Es ging nie um die Männer, die mich getötet haben. Es ging die ganze Zeit um dich.«

In meinem Kopf schwamm alles, und ich wusste nicht mehr, was ich denken sollte. Wenn Linda recht hatte und ich tatsächlich den Teil von mir lebte, der in den Abgrund gestürzt war – bedeutete das dann, dass alles andere Illusion war? Hatte ich mir die letzten drei Jahre nur eingebildet?

»Nein, du hast dir nichts davon eingebildet«, sagte Linda, als hätte sie meine Gedanken gelesen. »All das, woran du dich erinnerst, ist passiert und wartet noch immer auf dich, wenn du das möchtest.«

»Dann ist also der Aspekt von mir, der nicht abgestürzt ist, auch real?«

»Ja.«

»Und Angela und Heather sind noch am Leben, ja?«

»Ja, sie haben überlebt.«

»Wo passiert das dann aber alles? Ich habe die ganze Zeit gedacht, ich wäre der Einzige mit einem lebendigen Körper, dabei bin ich gar nicht anders als die anderen hier in der Scheune.«

»Du hast die Fähigkeit zu wählen, wo du sein und was du erfahren möchtest. Wenn du willst, kannst du weiterleben. Du kannst aber auch zurückgehen und die andere Welt erleben. Das ist ein beachtliches Geschenk, Jimmy, eines, das nur wenige von uns erhalten.«

Darauf war ich nicht vorbereitet gewesen, so wenig wie auf die plötzliche Erkenntnis, dass ich tatsächlich die Wahl hatte. Wenn ich wählte, mir dieser Wirklichkeit, die ich in der Scheune erlebte, bewusst zu bleiben, dann konnte ich bei Linda bleiben und sie so lieben, wie ich es nie vermocht hatte, als sie noch lebte. Zugleich aber wartete Angela auf der anderen Seite auf mich, und dort wollte ich ebenfalls sein. Zum ersten Mal in meinem Leben stand ich vor einer Wahl, die einfach und unmöglich zugleich war.

»Warum kann ich nicht beides tun?«, fragte ich sie. »Ist es nicht möglich, mir beider Wirklichkeiten zur gleichen Zeit bewusst zu sein, also hier mit dir und zugleich mit Angela in Oregon zu sein?«

»Du kannst dir nur des einen bewusst sein, während du trotzdem beides zur selben Zeit erlebst. Klarer kann ich es nicht ausdrücken, auch wenn ich weiß, dass es keinen Sinn ergibt.«

»Ich habe also die Wahl zu entscheiden, welche Wirklichkeit ich sehe«, sagte ich zu mir selbst, da ich nun endlich verstand, was sie meinte. »Und wie mache ich das?«

»Du brauchst nur loszulassen«, sagte sie, »und es geschehen zu lassen. Es ist eigentlich ganz einfach.« Dann schwieg sie einen Moment, holte tief Luft und fuhr fort: »Und es sieht ganz so aus, als ob ich dasselbe tun müsste.«

»Was meinst du damit?«, fragte ich sie. Sie schaute wieder in die Ferne, als blicke sie in eine Welt, die keiner außer ihr sehen konnte. Mir schien, dass sie etwas zurückhielt, als wollte sie nicht, dass irgendjemand mitbekam, was ihr gerade geschah. »Linda, ich muss dich etwas fragen. Gibt es da etwas, das du mir verschweigst?«

Sie lehnte sich auf ihrem Stuhl zurück und sah mich an. »Nein, ich verschweige dir nichts. Wenn ich ein bisschen unkonzentriert wirke, liegt das nur daran, dass ich, genau wie du, gerade zum ersten Mal etwas Wichtiges begreife. Diese Reise scheint für uns beide gedacht gewesen zu sein, nicht nur für dich. Das hat mich einfach erstaunt, das ist alles.«

»Erzähl mir mehr darüber«, sagte ich. »Was meinst du damit?«

»Sagen wir mal, du bist nicht der Einzige, der hier etwas zu lernen hatte«, antwortete sie und wandte den Blick ab. »Ich dachte die ganze Zeit, wir wären wegen deiner Lektion und weil du etwas brauchst, hier, aber ich schätze, das war ein bisschen naiv. Schließlich sind wir alle hier, um etwas lernen. Und das hört nie auf... Weißt du, als wir eben noch sprachen, da fiel mir plötzlich etwas aus meinem Leben ein, etwas, das mich festgehalten hat und das ich jetzt loslassen muss.«

»Du hast also auch etwas zu lernen gehabt«, wiederholte ich. »Kannst du mir sagen, was dir da wieder eingefallen ist?«

»Zu allererst muss ich dir eine Frage stellen«, erwiderte sie. »Was hat uns deiner Meinung nach daran gehindert, wieder zusammenzukommen? Was fällt dir da als Erstes ein?«

Die Antwort war leicht. »Du konntest mir nicht vergeben, dass ich dich verlassen hatte. In dieser Hinsicht warst du sehr empfindlich, und als ich dich zuerst in St. Louis und dann in Oregon im Stich gelassen hatte, konntest du das nicht mehr loslassen. Ich schätze, dass du es immer im Kopf hattest und dachtest, ich könnte es wieder tun. Egal, was ich tat, um dir zu zeigen, dass ich mich verändert hatte: Du konntest mich nicht sehen.«

»Ich konnte dich nicht sehen... Ja, das stimmt. Und ich hielt daran fest, weil ich mich betrogen fühlte. Als ich dann in Evanston war und erstochen wurde, fühlte ich mich wieder allein, total allein... als wäre ich noch ein letztes Mal verlassen worden. Aber siehst du, das stimmt gar nicht, und ich habe es eben erst begriffen.«

»Bitte erzähl mir mehr«, drängte ich sie. »Du kannst jetzt nicht aufhören. Was hast du begriffen?«

»Ich bin nicht sicher, ob ich das in Worte fassen kann«, erwiderte sie. »Es ist ja gar nicht so, dass ich es für mich behalten möchte. Ich will, dass du Bescheid weißt... Aber vielleicht wäre es einfacher, wenn ich es dir zeigen könnte.«

»Du willst es mir so zeigen, wie ich dir Ereignisse aus unserem Leben gezeigt habe? Geht es denn auch so herum?«

»Ja, aber ich warne dich: Es könnte schmerzhaft sein für dich, das anzuschauen. Wenn wir uns dafür entscheiden, könnte es mehr sein, als du aushältst.«

»Ich denke, dass ich jetzt alles aushalten kann«, sagte ich. »Wir sind schon so weit gegangen, dass wir hier nicht einfach anhalten können.«

»Dann lass mich dir ein wenig helfen.«

Sie griff nach meiner Hand. »Lass uns gehen. Aber du musst bitte, egal, was geschieht, ruhig bleiben. Verstehst du mich?«

Ich spürte, wie meine Eingeweide zu rumoren begannen. »Ja, ich verstehe.«

»Also schau mir in die Augen und atme tief durch«, fuhr sie fort. »Wir sehen jetzt gleich das letzte noch fehlende Puzzleteil, und das wird nicht ganz leicht.«

Kapitel 20

Wir schwebten über den Norden Chicagos dahin, als ich bemerkte, dass sich etwas geändert hatte. Jetzt befand ich mich in Linda und nicht umgekehrt. Wir flogen über die Gebäude, die entlang des Michigansees stehen, und als wir das *Calvary Cemetery* erreichten, wusste ich, dass wir gleich in Evanston sein würden. Eine dumpfe Angst stieg in mir hoch. Warum mussten wir noch einmal dorthin? Seit Lindas Ermordung hatte ich die Stadt gemieden. Es gab keinen Grund für uns, hier zu sein, es sei denn…

»Linda, ich kann das nicht«, sagte ich zu ihr, während wir weiter nach Norden schwebten.

»Du kannst alles«, antwortete sie mir innerlich. »Du musst mir nur vertrauen… Wenn wir das jetzt sehen, wird für uns beide alles verständlich werden.«

Nun ging es Richtung Westen, bis wir in der Gegend waren, in der Linda und Angela viele Jahre lang gelebt hatten. Sekunden später schwebten wir über ihrer früheren Wohnung, dann sanken wir herab, bis sich das Dach unter unseren Füßen auflöste und wir uns im Wohnzimmer befanden. Dort zögerten wir einen Augenblick, um herauszufinden, was wir wohl sehen sollten. Ich schaute mich um und sah Blut auf dem Fußboden und an den Wänden, ohne jedoch eine Spur von Linda zu finden.

»Ich glaube, ich weiß, wo ich bin«, spürte ich Linda zu mir sagen.

Wir bewegten uns in Richtung der Schlafzimmer und des Bades am Ende des Gangs. Als wir an Lindas Schlafzimmer vorbeikamen, schaute ich hinein, aber dort war niemand. Dann näherten wir uns Angelas Zimmer und hielten vor der Tür an.

»Oh mein Gott!«, keuchte ich, als ich hineinschaute.

Ich sah sie dort mit weit geöffneten Augen in einer Blutlache auf Angelas Bett liegen. Auch die ältere Linda reagierte, das konnte ich spüren. Ganz so, als wäre die Ansicht von sich selbst, wie sie im Sterben oder bereits tot da lag, ein unbegreiflicher Schock. Als ich noch einmal genauer hinschaute, erkannte ich jedoch, dass sie gar nicht tot war. Eine leichte Bewegung der Brust zeigte mir, dass sie noch atmete. Dann griff sie sich mit der Hand an den Hals in dem vergeblichen Versuch, das Bluten zu stoppen. Es war ein schreckenerregender Anblick, und hätte ich den Körper, den wir uns teilten, unter Kontrolle gehabt, dann hätte ich mich weggedreht, um nichts mehr sehen zu müssen. Dies aber war Lindas Reise, und ich hatte keine Wahl: Ich musste mir auch den weiteren Verlauf anschauen.

Jetzt hörten wir ein Krachen aus dem anderen Raum und das Trampeln von Männern, die in die Wohnung gelaufen kamen.

»Ist hier jemand?«, sagte eine Männerstimme. »Ist irgendwer in der Wohnung?« Dann kam ein breiter Mann mit gezückter Pistole an uns vorbeigerannt. Er trug ein blaues Hemd und eine Dienstmarke am Gürtel, und ich begriff, dass er ein Kriminalbeamter war. Er sah, wie Linda auf dem Bett zusammengesackt lag, lief zu ihr hin und legte sie sanft auf den Boden.

»Ich hab sie gefunden«, schrie er den anderen Männern zu. »Sie ist im Schlafzimmer.«

Die anderen beiden Beamten kamen hereingelaufen, als der erste bereits Linda in den Armen hielt und versuchte, das Bluten zu stoppen. Er hielt beide Hände um ihren Hals, wodurch das Blut langsamer zu fließen schien.

»Kann einer von euch bitte rausgehen und den Sanitätern gleich, wenn sie da sind, zeigen, wo sie hinmüssen?«, fragte der Kriminalbeamte. Einer der anderen beiden verließ schnell den Raum, während der andere da stand und sich die Hand auf den Mund schlug.

»Ich bin noch am Leben«, spürte ich Linda zu mir sagen. »Ich bin nicht gleich gestorben. Er versucht mich zu retten.«

Ich versuchte zu sprechen, aber mir fehlten die Worte. Vollkommen erstarrt beobachtete ich genau das, was ich nie hatte wissen wollen. Immer, wenn jemand versucht hatte, mir Details zu schildern, hatte ich ihn unterbrochen, zum einen, weil Angela anwesend war, vor allem aber, weil ich selber nichts davon hören wollte. Und nun stand ich da und schaute meiner Frau dabei zu, wie sie starb. Ich wusste ja, wie es enden würde. Es gab keine Hoffnung.

»Halten Sie durch«, sagte der Beamte zu ihr. »Hilfe ist schon auf dem Weg. Halten Sie durch.«

Er schaute sie so zärtlich an, als halte er seine eigene Schwester oder Frau in den Armen. Erst jetzt schaute Linda ihn an. Sie konnte nicht sprechen, ihre Augen jedoch sagten mehr als alle Worte. Jemand war bei ihr. Sie war nicht allein. Egal, was geschah, sie würde im Schlafzimmer ihrer Tochter nicht allein sterben. »Bleib am Ball«, sagte er noch einmal, und mir schien, dass ihr ein leichtes Lächeln über die Lippen glitt.

Und dann löste sich wie in einem Kinofilm das Lächeln auf, ihre Augen verloren den Fokus. Ihr Kopf fiel auf seinen Arm zurück, sie war tot. Alles war still. Niemand rührte sich im Raum, auch wir nicht. Dann spürte ich, wie wir zur Decke hoch- und aus dem Raum herausschwebten. Wir flogen über die Stadt und verschwanden durch die Wolken. Sekunden später öffnete ich meine Augen und sah uns wieder in der Scheune sitzen.

Kapitel 21

Linda liefen die Tränen über das Gesicht, und ich hörte, wie sie einen tiefen, zittrigen Atemzug nahm. Ich legte meine Arme um sie und hielt sie ganz fest. Es fühlte sich wunderbarer an, als ich mir je hätte vorstellen können. Noch Sekunden davor hatte ich sie auf dem Fußboden ihrer Wohnung sterben sehen, und jetzt hielt ich dieselbe Frau anscheinend gesund und lebendig in den Armen. Ich hatte es aufgegeben, das, was in der Scheune geschah, verstehen zu wollen. Jetzt war ich nur noch dankbar dafür, hier zu sein, dankbar, sie halten zu dürfen, und dankbar, dass sie zumindest in einer Wirklichkeit noch am Leben war.

»Alles ist gut«, sagte ich zu ihr. »Es war einfach zu viel für dich, das zu sehen.«

Sie zog sich etwas zurück und blickte mich an. »Ich weine nicht, weil ich mich selber sterben gesehen habe. Ich weine, weil ich erst jetzt weiß, warum ich hier bin… weil ich begriffen habe, welche Lektion ich lernen musste.«

»Welche Lektion könntest du denn, um Himmels willen, haben lernen sollen?«, fragte ich. »Das war doch völlig sinnlos und bar jeder Logik…«

»Es geht nicht um Logik«, erwiderte sie. »Die Lektionen für unsere Seele haben nichts mit der Logik des Verstandes zu tun. Du hast mir doch vorhin gesagt, ich hätte mich von dir verlassen gefühlt, und dass ich dir das nie vergeben und deshalb nicht sehen konnte, dass du dich verändert hattest.«

»Ja, ich erinnere mich.«

»Ich habe sogar hier noch an diesem Gefühl festgehalten«, erklärte sie, als habe sie endlich verstanden, worum es ging. »Ich habe meinen Tod als das ultimative Verlassenwerden betrachtet, vor allem, weil du und Angela in Minneapolis wart und ich alleine sterben musste. Wieder einmal warst du nicht da für mich… oder zumindest dachte ich das.«

»Es tut mir leid, Linda, aber ich…«

»Nein, es hat gar nichts mit dir zu tun«, fuhr sie fort. »Es hat damit zu tun, dass ich begreifen musste, dass die Dinge nicht immer so laufen, wie wir es uns wünschen, und dass die Menschen, die wir lieben, nicht immer da sind, wenn wir sie brauchen. Und als ich das begriffen habe, war ich in der Lage, mich zu erinnern. Ich habe mich daran erinnert, dass ich ja gar nicht, wie ich eigentlich dachte, allein gestorben bin. Da war Detective Glue. Ich schaute ihm in die Augen, als ich starb. Da war jemand bei mir, und ich war überhaupt nicht allein. Jetzt kann ich das loslassen, weil ich die Wahrheit weiß. Deshalb bin ich hierhergeführt worden, deshalb musste ich zur Scheune kommen. Ich hatte genau so eine Lektion zu lernen wie du.«

»Aber ich verstehe nicht«, sagte ich immer noch in dem verzweifelten Versuch zu begreifen. »Du bist im Himmel. Ich dachte, dass man hier frei ist und nicht mehr mit solchen Sachen zu tun hat.«

»Wenn es nur eines gibt, wovon ich hoffe, dass du es von hier mitnimmst«, antwortete sie, »dann ist es das Wissen darüber, dass der Himmel nicht ein Ort ist, an den du kommst, nachdem du gestorben bist. Der Himmel ist überall um dich herum... hier in der Scheune, in Oregon oder wo immer du dich sonst befinden magst. Und weil der Himmel überall ist, brauchst du nur deine Augen zu öffnen, dann siehst du ihn. Das ist der Schlüssel zum Leben. Und um das zu können, musst du begreifen, was dich zurückhält. Verstehst du, was ich sage?«

»Nein«, antwortete ich. »Ich bin hergekommen, um mit dir und all diesen anderen Menschen zusammenzutreffen, die lange oder kurz auf der Erde gelebt haben und nun hierher in die Scheune kommen, um sich daran zu erinnern, wer sie waren. Ich dachte, sie täten das, weil... Um ehrlich zu sein, ich habe keine Ahnung, warum.«

»Sie kommen her, um zu lernen«, erklärte sie, »egal, ob ihnen das klar ist oder nicht. Ich kam her, um zu lernen, dass ich nie wirklich allein war und dass es an der

Zeit ist, die Wunden und Narben, die mir den Blick auf die Wahrheit verstellt haben, zu heilen. Jeden in diesem Raum betrifft das, jeder hat eine Lektion zu lernen, und ja, jeder von ihnen ist im Himmel… genau wie du.«

Ich bemühte mich darum, alles zu verstehen, was sie sagte, aber es lag so abseits aller Bezugssysteme, die ich kannte, dass ich am Ende nur noch verwirrter war.

»Ich bin genau wie ihr alle«, sagte ich. »Ich bin hier, weil ich mir selbst nicht vergeben konnte, und das hat mich davon abgehalten weiterzuleben. Ich bin genau wie du und wie alle anderen hier in der Scheune gestorben.«

»Aber einen Unterschied gibt es doch«, erwiderte sie. »Du bist auch hier, weil du eine Wahl hast. Du kannst hier bei mir bleiben oder zu Angela zurückkehren und dich an den Teil deiner selbst erinnern, der nicht in den Abgrund gestürzt ist. Du bist in einer einzigartigen Lage, denn du hast die Möglichkeit zu wählen.«

»Ich habe überhaupt nicht das Gefühl, wählen zu können«, gab ich zurück. »Das ist unmöglich. Wenn ich hierbleibe, lebe ich mit dir, wenn ich zurückkehre, bin ich bei Angela. Ich verstehe immer noch nicht, warum ich mir nicht beider Teile bewusst sein kann.«

»Ich weiß nicht, was ich dir sagen soll, Jimmy. Ich weiß nur, für was ich mich entschieden habe. Da ich jetzt gesehen habe, was wirklich geschehen ist, möchte ich den Teil von mir gehen lassen, der so viel Angst vor dem Alleingelassensein hatte. Er hat mich davon abgehalten, ganz erfüllt zu sein… sowohl im Leben wie auch im Tod. Ich entscheide mich dafür, ab jetzt nach vorn zu schauen und weiterzugehen. Und auch du musst dich entscheiden. Das Einzige, was ich dir dazu sagen kann, ist, dass du, egal, welche Wahl du triffst, die Liebe wählst. Vielleicht macht es dir das ein bisschen leichter.«

Da spürte ich eine Hand auf meiner Schulter und hörte eine Männerstimme sagen: »Mir scheint, dass dieser Herr hier die perfekte Testperson für unser Experiment ist. Warum ermutigen wir ihn nicht dazu, mich auf die Bühne zu begleiten?«

Der Hypnotiseur stand direkt hinter unserem Tisch und schaute mich an. Seine Hand war zu mir ausgestreckt, und ich begriff, dass er mich einlud, mit ihm auf die Bühne zu kommen.

»Nein, ich kann nicht«, sagte ich. »Ich möchte bei ihr bleiben.«

»Es ist in Ordnung, Jimmy. Ich warte hier auf dich. Geh nur.«

»Es sieht ganz so aus, als hätten wir jemanden gefunden«, sagte Lance, als ich aufstand und ihm die Hand gab. Alles klatschte, während wir zur Bühne gingen. Dabei behielt ich Linda die ganze Zeit im Blick. Egal, was geschehen würde: Ich wollte sie nicht mehr verlieren.

»Sind Sie bereit, Sir?«, fragte er mich.

»Ich habe keine Ahnung, aber ich sage mal Ja.«

»Sehr gut. Ich werde Sie bitten, sich auf diesen Stuhl zu setzen und einfach zu entspannen. Ich kann Ihnen versichern, dass hier nichts passiert, was sich Ihrer Kontrolle entzieht, und dass Sie sich nirgendwohin begeben, wo Sie sich nicht *sicher* oder *friedlich* fühlen.«

Die Worte *sicher* und *friedlich* sagte er in einem so anderen Tonfall als die anderen Worte, dass ich mich, obwohl ich mir des Tricks bewusst war, augenblicklich entspannte. Meine Augen waren weit geöffnet, und ich schaute Linda an, die mich strahlend anlächelte.

»Sie werden sich jetzt in eine *tiefe* Welt begeben, die so einladend und groß ist, dass Sie diesem Drang nicht widerstehen können. Es ist die Welt Ihres tieferen Bewusstseins, wo all Ihre Erinnerungen und all Ihre Träume zu Hause sind. Bald werden Sie spüren, wie Ihre Augenlider *schwer* werden, und Sie werden Ihren Augen erlauben, sich zu schließen. Aber bitte tun Sie das erst, wenn Sie spüren, dass es ganz von allein geschieht.«

Ich bemühte mich weiterhin, Linda anzustarren, aber der Impuls, meine Augen zu schließen, wurde so stark, dass ich ihm nicht widerstehen konnte. Langsam ließ ich sie zufallen und tat mein Bestes, um mir meiner Umgebung bewusst zu bleiben.

»Jetzt werde ich Ihnen ein paar Fragen stellen, und Sie dürfen mir antworten. Können Sie meine Stimme hören?«

»Ja.« Meine Antwort fühlte sich so an, als käme sie aus weiter Ferne.

»Und fühlen Sie sich behaglich und entspannt?«

»Ja.«

»Ausgezeichnet. Ich bitte Sie nun, einen tiefen Atemzug zu nehmen und sehr langsam auszuatmen. Und wenn Sie ausatmen, sagen Sie sich bitte innerlich: »Ich BIN in Sicherheit... Ich BIN zu Hause. »Verstehen Sie diese Anweisungen?«

»Ja.«

»Gut, dann nehmen Sie jetzt bitte einen tiefen Atemzug und sagen Sie sich, während Sie ganz langsam ausatmen, die Worte, die ich Ihnen eben vorgesagt habe.«

Während ich ausatmete, dachte ich die Worte »ich BIN in Sicherheit... ich BIN zu Hause«. Dabei fühlte ich mich schwinden, als würde ich mich selbst verlieren und nicht mehr wissen, wo ich war. Ich wollte die Augen öffnen und mich an Linda halten wie an einen Fels, der mich an Ort und Stelle hielt. Ich wollte sie nicht verlassen, und doch wollte ein anderer Teil von mir wieder bei Angela sein und ihr beistehen, zu dieser großartigen Frau zu werden, als die Linda und ich sie uns immer vorgestellt hatten. Ich spürte, wie ich zwischen diesen beiden Wünschen hin- und herschwankte, und wusste nicht, welche Seite gewinnen würde. Schließlich merkte ich in letzter Sekunde, dass ich meine Augen einen kleinen Spalt öffnen konnte, und schaute zu dem Tisch hin, an dem ich gerade noch mit Linda gesessen hatte.

Ich sah sie, aber sie war nicht allein. Sie sprach mit einem Mann, der mir irgendwie bekannt vorkam. Dann begriff ich plötzlich, wer das war. Linda saß mit mir an diesem Tisch und hielt meine Hand, während wir uns konzentriert unterhielten. Eine große Liebe strahlte von uns aus, und sie beruhigte mein Herz auf eine Weise, wie ich es noch nie erlebt hatte.

Während ich die beiden weiter beobachtete, standen sie auf und verließen den Tisch, um auf die helle Tür am anderen Ende der Scheune zuzugehen. Sie liefen Hand in Hand darauf zu, dann öffnete Linda die Tür gerade weit genug, so dass sie hindurchgehen konnten. Eine Sekunde später hatten sie die Scheune für immer verlassen.

Nun schloss ich meine Augen und ließ mich in den Schlaf sinken.

Kapitel 22

Ich öffnete die Augen wieder, nur um feststellen, dass die Scheune verschwunden war und ich an den Baum gelehnt saß, wo ich Richard das erste Mal getroffen hatte. Da war weder ein Hypnotiseur noch eine Scheune oder, was am schlimmsten war, Linda. Etliche Minuten saß ich einfach nur da und versuchte zu begreifen, was passiert war und wieso ich mich überhaupt hier befand. Hatte man mich zurück zu der Stelle transportiert, an der das seltsame Abenteuer begonnen hatte, oder hatte ich die ganze Zeit geschlafen und nur von einer Welt geträumt, die in Wahrheit gar nicht existierte? Ich war mir sicher, *dass* sie existierte und dass ich die letzten drei Tage wirklich in einer Scheune irgendwo zwischen Himmel und Erde verbracht hatte. Ich wusste auch, dass ich eine Entscheidung getroffen hatte, die mich für den Rest meines Lebens beeinflussen würde. Ich hätte dort bleiben können, wenn ich gewollt hätte, hatte mich jedoch dafür entschieden, nach Hause zurückzukehren und weiter für unsere Tochter zu sorgen.

Aber das war nicht das Ende der Geschichte. Es gab einen anderen Aspekt von mir, der sich mit Linda im Himmel befand und sie ganz so liebte, wie ich es mir zu ihren Lebzeiten zu können gewünscht hätte. Der Gedanke daran genügte mir. Und in diesem Augenblick war es das Einzige, was sich wirklich anfühlte.

Ich stand auf und schaute mich fast in der Erwartung um, dass mir Richard mit einer Tasse Kaffee aus dem Wald entgegenkommen würde. Aber ich war allein. Nur der Bach rauschte in der Nähe. Da war niemand, der mir sagen konnte, ob ich fortgehen oder auf weitere Instruktionen warten sollte.

Im Herzen wusste ich, dass es – was auch immer es gewesen sein mochte – vorbei war. Als die Sonne etwa eine halbe Stunde später über den Hügeln auftauchte, machte ich mich auf den Weg dorthin, wo ich den Aufstieg zur Straße vermutete. Ich brauchte nur zehn Minuten, bis ich ihn gefunden hatte. Dann begann ich hinaufzuklettern.

Auf der Straße angekommen, lief ich noch einmal zurück zu der Stelle, wo wir vor dreieinhalb Jahren fast verunglückt wären. Nach allem, was ich durchlebt hatte, wusste ich, dass ich recht hatte... Ich hatte damals wirklich die Kontrolle über den Wagen verloren, und der BMW, der da unten im Abgrund lag, war der Beweis. Ich trat an den Rand des Felsens und blickte hinunter, um ihn ein letztes Mal zu sehen.

Er war nicht mehr da.

Der Wagen, den ich vorher gesehen hatte, war verschwunden, als hätte er überhaupt nie existiert. Ich begann, an meinem Verstand zu zweifeln. Was hatte ich denn nun wirklich gesehen, und was war nur eine Illusion gewesen? Falls es eine Antwort gab, wusste ich sie jetzt in diesem Augenblick jedenfalls nicht. Ich hatte keine andere Wahl, als zu meinem Auto zurückzulaufen und die lange Fahrt nach Hause in Angriff zu nehmen.

Zwei Tage später kam ich in Portland an, wo ich versuchte, mir einen Reim auf das Ganze zu machen. Obwohl ich unmöglich überschauen konnte, was es alles bedeutete, gab es doch eines, das ich ganz sicher wusste: Etwas in mir hatte sich verändert. Ich rief Angela an, um ihr mitzuteilen, dass ich zu Hause sei, und fragte mich dann, ob ich ihr je von meiner Erfahrung in der Scheune erzählen sollte. Ich wollte sie gern wissen lassen, dass ihre Mutter noch da war und dass sie auf uns wartete. Ebenso wollte ich sie wissen lassen, dass wir beide für sie da waren, selbst wenn das überhaupt keinen Sinn ergab. Das Rätsel hatte sich nicht wirklich aufgelöst, und doch hatte ich die Gewissheit, dass ich am rechten Ort war. Es war an der Zeit zu vergeben.

»Was würdest du sagen, wenn ich dir erzählte, dass ich deine Mutter gesehen habe?«, fragte ich Angela.

Wir waren gerade auf dem Weg zu einen Restaurant im *Pearl District*. Als ich mich eine Woche zuvor auf meine seltsame Odyssee begeben hatte, hatte ich meiner Tochter nichts von dem wahren Ziel meiner Reise gesagt. Sie dachte, dass ich nach Ashland zu Freunden fuhr, was natürlich auch stimmte. Das eigentliche und wichtigste Detail jedoch – dass ich nämlich noch einmal zu der Unglücksstelle wollte – hatte ich ihr verschwiegen. Ich hatte sie nicht unnötig beunruhigen wollen und hätte auch nicht gewusst, was ich hätte sagen sollen. Zu dem Zeitpunkt schien mir, dass ich dabei war, den Verstand zu verlieren, und dieser Ort übte eine unbestimmte Macht über mich aus. Jetzt wusste ich, dass es gar nicht um die Unglücksstelle gegangen war, sondern um eine kleine Scheune mitten in einem unberechenbaren Wald, wo Himmel und Erde auf seltsame Weise miteinander verschmelzen und jeden Abend der magischste Tanz der Welt stattfindet. Was sich eigentlich ereignet hatte, konnte ich immer noch nicht erklären, aber ich wusste, dass es real war. Es war kein Traum gewesen, sondern ein Wunder, das mein Leben für immer verändert hatte.

»Was meinst du damit, wenn du sagst, du hättest Mom gesehen?«, fragte sie. »Im Traum vielleicht?«

Ich schwieg einen Augenblick, bevor ich antwortete. Sollte ich ihr wirklich alle Details erzählen? Und selbst wenn ich es tat, würde sie mir überhaupt glauben? Das entscheidende Detail war, dass Linda immer noch bei uns und dass wir genauso bei ihr waren. Und doch fand ich, dass die Einzelheiten meines Abenteuers wichtig waren. Deshalb nahm ich einen tiefen Atemzug und begann, ihr meine Geschichte zu erzählen. »Meinst du das ernst?«, fragte sie, als ich fertig war. »Ist das wirklich passiert?«

»Ich kann dir versichern, dass ich zurück zu der Stelle gefahren bin, wo wir fast verunglückt wären«, sagte ich, »und dass ich am Fuß des Felsens ein Auto gesehen habe. Ich kann auch sagen, dass ich alles, was ich in der Scheune erlebt habe, als vollkommen real und gar nicht wie in einem Traum erlebt habe, auch wenn ich am letzten Morgen an einen Baum gelehnt aufgewacht bin. Das Wichtigste aber ist: Ich weiß, dass ich mit Linda zusammen war... Hieran habe ich überhaupt keine Zweifel. Die Dinge, die sie gesagt hat, haben mein Leben verändert, denn jetzt weiß ich, dass der Tod nicht real ist und dass wir wirklich mit denen zusammen sein können, die wir immer geliebt haben. Die Liebe hört nie auf, sie wächst immer weiter und dehnt sich immer weiter aus.«

Als ich zu Angela hinüberschaute, hatte sie ihr Gesicht abgewandt. Dann blickte sie wieder auf, und ich sah, wie ihr die Tränen über die Wangen liefen.

»Hat sie irgendetwas über mich gesagt?«, fragte sie. »Kann sie sich überhaupt an mich erinnern?«

Ich beugte mich vor und griff nach ihrer Hand. »Sie bat mich, dir zu sagen, dass sie stolz auf dich ist und dass du sie wiedersehen wirst. Das hat sie versprochen. Tatsächlich bist du, genau wie ich, schon längst dort bei ihr. Ich weiß, dass das keinen Sinn ergibt… Und trotzdem bin ich mir dessen absolut sicher. Das Universum ist so viel größer, als wir uns das vorstellen, und es gibt Geheimnisse, die der Verstand nie wird ergründen können. Dabei weiß das Herz längst, dass sie stimmen. Das habe ich in der Scheune gelernt, und dieses Wissen hat schon jetzt mein Leben verändert. Ich weiß auch, dass ich mich entschieden habe, hier zu sein mit dir und ein ganz besonderes Leben zu leben. Das werde ich für sie und für alle anderen tun, die ich liebe.«

Sie wischte sich die Tränen mit dem Ärmel ab. »Ich hab keine Ahnung, was mit dir passiert ist«, sagte sie, »und es fällt mir schwer, es zu glauben. Aber es hilft mir, und das allein zählt. Wenn Mom wirklich irgendwo da draußen ist, wo sie mich sieht, und darauf wartet, mit mir zusammen zu sein, dann heißt das, dass sie nicht gegangen ist. Und das fühlt sich ganz schön gut an.«

Einen Monat später unternahm ich einen kleinen Ausflug. Nachdem ich ein bisschen recherchiert hatte, konnte ich den einen Mann ausfindig machen, der mir helfen würde, das Erlebte einzuordnen. Ich fuhr durch die Vororte von Portland, bis ich das Haus von Marcus Oakes in Beaverton erreichte. Er wusste nicht, dass ich kam. Ebenso wenig wusste er, wer ich war. Aber wir hatten eine gemeinsame Freundin.

»Womit kann ich Ihnen dienen?«, fragte er, als er die Tür öffnete. Er sah freundlich aus, hatte kurzes graues

Haar und traurige Augen. Im ersten Moment dachte ich, es sei ein Fehler gewesen herzukommen, dann aber beschloss ich, doch zu tun, weswegen ich hergekommen war. Ich wollte es einfach wissen.

»Sir, ich heiße James Twyman, und ich glaube, ich habe ein paar Informationen für Sie, die Sie interessieren könnten. Dürfte ich einen Moment hereinkommen?«

Er trat beiseite und ließ mich zur Haustür herein, obwohl er offensichtlich etwas misstrauisch war. Dann wies er mir einen Stuhl im Wohnzimmer zu und setzte sich mir gegenüber. Ich schaute mich um auf der Suche nach irgendeinem Zeichen, das mir bewies, dass ich nicht verrückt war. Das Haus war sauber und bescheiden möbliert und wirkte so, als wäre es schon seit Jahren nicht mehr verändert oder neu ausgestattet worden. Dann sah ich plötzlich in einem Bücherregal, wonach ich gesucht hatte: ein Bild von einer älteren Frau. Sie war der Grund, der mich hergeführt hatte. Es war Martha!

»Mr. Oakes, was ich Ihnen jetzt sagen werde, wird sehr seltsam klingen und kaum zu glauben sein, aber ich verspreche Ihnen, dass es die Wahrheit ist. Weder habe ich Sie je zuvor gesehen, noch Sie mich, und ich weiß auch nichts weiter über Sie als dies: Sie haben Ihre Frau Martha verloren.«

»Was wissen Sie über Martha?«, fragte er gleich ganz defensiv.

»Ich weiß gar nicht viel, aber ich habe eine Nachricht von ihr für Sie. Ich weiß, wie verrückt das klingt, aber ich muss Ihnen Folgendes sagen. Sie möchte Sie wissen lassen, dass sie Sie sehr liebt und dass sie auf der anderen Seite auf Sie wartet. Ich bin ihr gewissermaßen selbst dort begegnet und…«

»Verlassen Sie sofort mein Haus!«, schrie er. Er war aufgestanden und starrte mich an. »Was meinen Sie, wer Sie sind, und was wollen Sie hier? Glauben Sie, Sie können einfach in mein Haus kommen, mir diese Geschichte verkaufen und Geld dafür kriegen…? Ist es das? Aber das können Sie sich gleich aus dem Kopf schlagen. Raus hier, und zwar sofort!«

»Mr. Oakes, da ist noch eine letzte Sache. Martha hat mich gewarnt, dass Sie mir nicht glauben würden, deshalb hat sie mir noch etwas aufgetragen. Sie sagte mir, Sie sollten unbedingt in das Schmetterlingskästchen schauen.«

Sofort hielt er inne und wurde blass.

»Was sagten Sie da gerade?«, fragte er.

»Ihre Frau sagte mir, Sie würden mir nicht glauben. Deshalb hat sie noch etwas hinzugefügt, das ich überhaupt nicht verstehe. Sie trug mir auf, Ihnen zu sagen, dass Sie in das Schmetterlingskästchen schauen sollen. Dann würden Sie mir zuhören.«

Er ließ sich auf den Stuhl zurücksinken und seufzte tief. Dann sah er mich an und gab mir ein Zeichen, mich ebenfalls wieder hinzusetzen.

»Ich hielt es nicht für möglich«, sagte er nach einem langen Schweigen. »Ich wollte ja gern glauben, dass es ein Leben nach dem Tod gibt, aber es ist so schwer zu verstehen. Und nun das Schmetterlingskästchen?«

»Was bedeutet das, Sir?«

Er schaute mich an mit Augen, die Trauer und Hoffnung zugleich ausdrückten.

»Niemand außer Martha und mir weiß von diesem kleinen Kästchen. Es war ein Geschenk, dass ich ihr an unserem ersten Jahrestag gemacht habe. Sie liebte dieses kleine Ding... Es ist eigentlich nur ein kleines Kästchen mit einer Schublade, in dem sie ihren Schmuck aufbewahrte. Na ja, und als sie gestorben war, hatte ich das Gefühl, dass es verkehrt war, den Ehering weiter zu tragen. Deshalb hab ich ihn dort hineingelegt. In dem Schmetterlingskästchen bewahre ich meinen kostbarsten Besitz auf, mein Junge.«

»Dann wissen Sie... Sie wissen, dass sie immer noch bei Ihnen ist. Das ist alles, was ich Ihnen sagen wollte. Sie wollte so gern, dass Sie es wüssten.«

Während ich dies sagte, überkam mich ein sehr merkwürdiges Gefühl, das ich kaum beschreiben kann. Wenn Martha über Marcus Oakes wachte, bedeutete das ebenso, dass Linda über mich wachte. Und eines Tages würde ich wieder mit ihr zusammen sein, und Angela würde ebenso dort sein, auch wenn es einen anderen Teil von uns gab, der ohnehin schon bei ihr auf ihrer Seite war.

Ein paar Minuten später verließ ich das Haus. Ich ging zum Auto und dachte über Linda und alles das nach, was sie zu mir gesagt hatte, als wir zusammen waren. Sie hatte die ganze Zeit recht gehabt. *Liebe ist wirklich das Einzige, was wir mitnehmen.*

ENDE